叢書・ウニベルシタス　981

ウルストンクラフトの北欧からの手紙

メアリ・ウルストンクラフト
石幡直樹 訳

法政大学出版局

ウルストンクラフトの北欧からの手紙　目次

凡例

一、本書は、Mary Wollstonecraft, *Letters Written During a Short Residence in Sweden, Norway, and Denmark*（1796）の全訳である。

一、使用したテキストは、次のものである。

Wollstonecraft, Mary. *Letters Written During a Short Residence in Sweden, Norway, and Denmark.* 1796. Fontwell: Centaur Press, 1970.

———, and William Godwin. *A Short Residence in Sweden, Norway and Denmark and Momoirs of the Author of 'The Rights of Woman.'* Ed. Richard Holmes. London: Penguin, 1987.

———. *The Works of Mary Wollstonecraft.* Ed. Janet Todd and Marilyn Butler. 7 vols. London: Pickering & Chatto, 1989.

———. *Letters written during a short residence in Sweden, Norway, and Denmark.* Eds. Tone Brekke and Jon Mee. Oxford UP, 2009.

———. *Letters Written During a Short Residence in Sweden, Norway, and Denmark.* 1796. Cambridge: Cambridge UP, 2010.

原書の復刻版（Centaur, 1970., Cambridge UP, 2010）を底本とし、ペンギン版（Penguin, 1987）、ピカリング全集版（Pickering, 1989）、オックスフォード版（Oxford UP, 2009）を適宜参照した。各版に異同がある場合は復刻版を採用した。

一、手紙の前後にある「前書き」「ドーバー」「付記」「注釈」は原書のものである。
一、「＊」を付してある語句には著者による注がついており、原書では同じあるいは次のページの下部に印刷されている。本書では見開きの左に入れた。
一、手紙ごとの通し番号を付してある語句には巻末に訳注をつけた。
一、訳注はニーストロムの論考とペンギン版、ピカリング版、オックスフォード版それぞれの注釈や序文に負うところが多い。また、口絵の旅程地図の作製ではニーストロム、ペンギン版、オックスフォード版の地図を参考にした。ここに記して謝意を表したい。
一、翻訳と訳注の作成には以下の書籍、辞書、事典を参考にした。
相浦忠雄他編『聖書事典』日本聖書教会、一九六一年。

伊藤整他編『新潮世界文学小辞典』新潮社、一九六六年。

上田和夫編『イギリス文学辞典』研究社、二〇〇四年。

メアリ・ウルストンクラーフト『女性の権利の擁護――政治および道徳問題の批判をこめて』白井堯子訳、未來社、一九八〇年。

加納秀夫他編・訳『世界名詩集大成九　イギリス篇I』平凡社、一九五九年。

デイヴィド・クリスタル編『岩波＝ケンブリッジ世界人名辞典』岩波書店、一九九七年。

ウィリアム・ゴドウィン『メアリ・ウルストンクラーフトの思い出』白井厚・白井堯子訳、未來社、一九七〇年。

斉藤勇監修　西川正身・平井正穂編『英米文学辞典（第三版）』研究社、一九八五年。

ウィリアム・シェイクスピア『夏の夜の夢』土居光知訳、岩波書店、一九四〇年。

同『お気に召すまま』阿部知二訳、岩波書店、一九三九年。

同『ハムレット』市川三喜・松浦嘉一訳、岩波書店、一九四九年。

同『ジュリアス・シーザー』中野好夫訳、岩波書店、一九五一年。

同『マクベス（シェイクスピア六大名作）』三神勲訳、河出書房新社、一九八一年。

同『あらし』豊田實訳、岩波書店、一九五〇年。

P・B・シェリー『鎖を解かれたプロメテウス』石川重俊訳、岩波書店、二〇〇三年。

篠田英雄他編『岩波西洋人名辞典増補版』岩波書店、一九八一年。

竹林滋他編『研究社新英和大辞典第六版』研究社、二〇〇二年。

中尾真理『英国式庭園――自然は直線を好まない』講談社、一九九九年。

ベンジャミン・フランクリン『アメリカ古典文庫一　ベンジャミン・フランクリン』亀井俊介・池田孝一編訳、研究社、一九七五年。

同『フランクリン自伝』松本慎一・西川正身訳、岩波書店、一九八二年。

アレグザンダー・ポウプ『人間論』上田勤訳、岩波書店、一九五〇年。

エリザベス・A・ボールズ『美学とジェンダー』長野順子訳、ありな書房、二〇〇四年。

ジョン・ミルトン『失楽園』平井正穂訳、筑摩書房、一九七九年。

百瀬宏他編『北欧史（新版世界各国史二一）』山川出版社、一九九八年。

谷治正孝他編『デラックス世界地図帳』昭文社、二〇〇六年。

ルソー『人間不平等起源論』本田喜代治・平岡昇訳、岩波書店、一九三三年。

『聖書』日本聖書教会、一九七四年。

Cooper, Thomas. *Some Information Respecting America, Collected by Thomas Cooper, Late of Manchester.* London: J. Johnson, 1974.

Dictionary of the History of Ideas. 5 vols. Philip P. Wiener et al. Eds. New York: Charles Scribner's Sons, 1973.

Hazlitt, William. *The Collected Works of William Hazlitt.* 12 vols. Ed. A.R. Waller and Arnold Glover. London: J.M. Dent, 1904.

Hogarth, *William. The Analysis of Beauty.* 1753. New York: Garland, 1973.

Jump, Harriet Devine. *Mary Wollstonecraft: Writer.* New York: Harvester Wheatsheaf, 1994.

Nyström, Per. *Mary Wollstoncraft's Scandinavian Journey.* Göteborg: Kungl. Vetenskaps- och Vitterhets-Samhället, 1980.

Rousseau, Jean-Jacques. *Emile or on Education.* Trans. Allan Bloom. New York: Basic Books, 1979.

Shakespeare, William. *The Riverside Shakespeare.* Ed. G. Blackmore Evans. Boston: Houghton Mifflin, 1974.

Streiffert, Bo, ed. *Eyewitness Travel: Sweden.* London: Dorling Kindersley, 2008.

Thacker, Christopher. *The Wildness Pleases: The Origins of Romanticism*. London: Croom Helm, 1983.

Tomalin, Claire. *The Life and Death of Mary Wollstonecraft.* 1974. Rev. ed. London: Penguin, 1992.

Todd, Janet. *Mary Wollstonecraft: A Revolutionary Life.* London: Weidenfeld & Nicolson, 2000.

Todd, Janet. *Death and the Maidens: Fanny Wollstonecraft and the Shelley Circle*. London: Profile Books, 2007.

Verhoeven, Wil. *Gilbert Imlaty: Citizen of the World.* London: Pickering & Chatto, 2008.

Wollstonecraft, *Mary. A Vindication of the Rights of Woman.* 1792. Hrmondsworth: Penguin Books, 1975.

Wollstonecraft, *Mary. The Wrongs of Woman; or, Maria*. 1798. Oxford: Oxford UP, 1976.

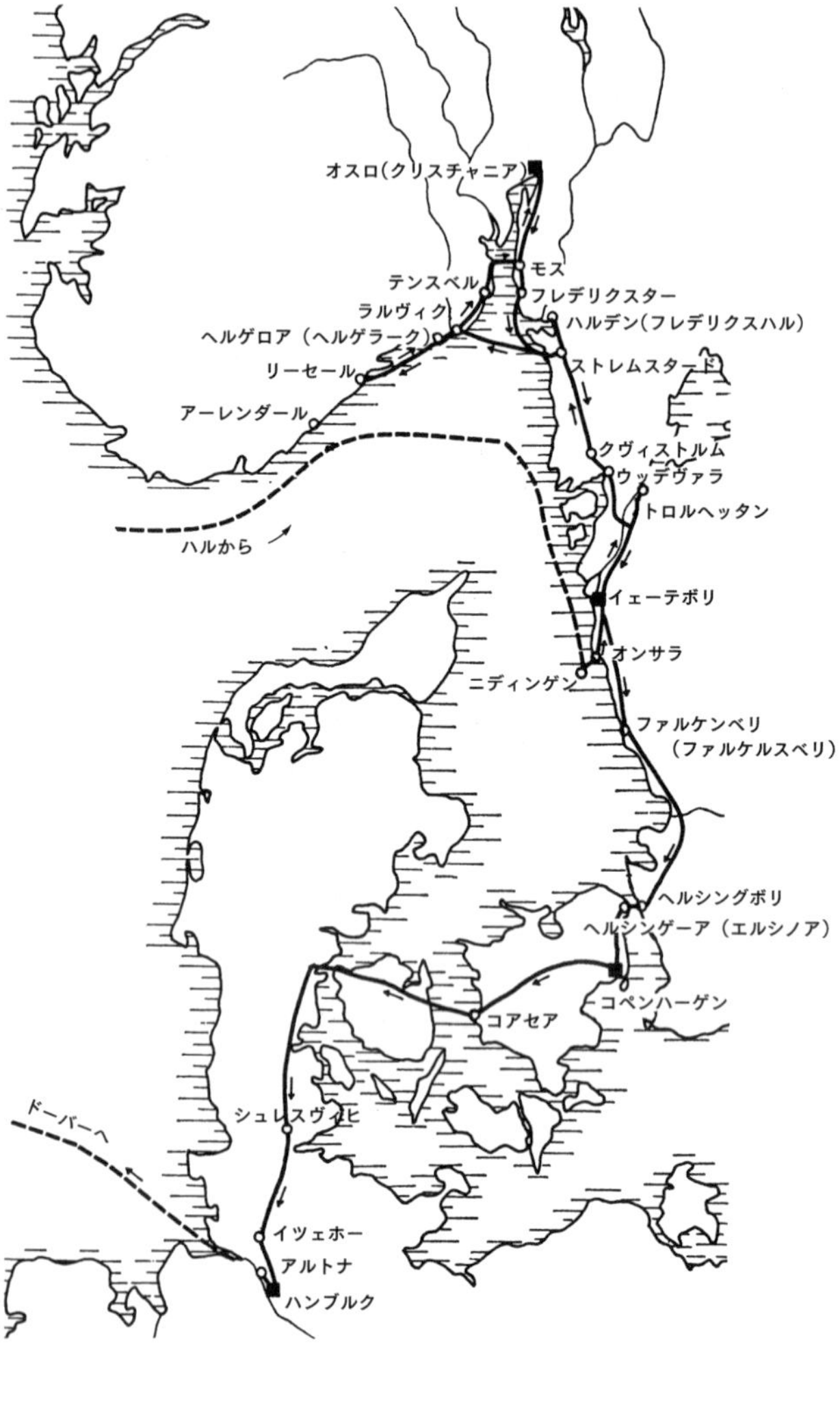

ウルストンクラフトの旅程（括弧内は本書での旧名）

前書き

旅や思い出を書き留めるのはいつも心が踊ります。[1]虚栄心や感受性がくすぐられて興味がつきません。とりとめないこれらの手紙をしたためながら、私はどうしても自分を語る人――[2]「それぞれの話の小さな主人公」――になってしまいました。出版を念頭においていましたので、これが欠点ならば、直そうとしました。しかし、思っていることに手を入れようとすると、手紙が堅苦しく気取ったものになることに気づきました。そこで、自分の意見や感想は抑えたりせずにそのまま表すことにしました。さまざまな事柄が心や感情に与えた印象を、感動が鮮明なうちに伝えることでしか、自分の見たものの正しい描写はできないと気づいたのです。

　好感をもたれ、注目を引くことができる時には、人は自分を語る資格がある。自分本位の人の、機転の利いた興味深い話を楽しいと感じた時、こう思ったことが何度かあります。この光栄な人々に私が仲間入りできるかどうかは、読者だけが判断できることです。もっと私を知りたいとお思いにならない時は、この本を閉じてくださってかまいません。

私の目的は、ほんの短い滞在中に得た情報の範囲で、通り過ぎた国々の現状を正しく認識し伝えることだけでした。同じ道筋をたどる旅人にはたいして役に立たず、椅子に座って読書でだけ旅を共にする人には退屈に思えるような、細かなことは省きました。

スウェーデン、ノルウェー、デンマーク短期滞在中にしたためた手紙

第一の手紙

あなたがすでによくご承知の他[1]の理由ももちろんありますが、旅客の便を考慮していない船に一一日間も揺られたせいですっかり元気をなくしてしまい、新しい風景は心温まる印象を残してくれるのですが、それらをめぐる旅の見聞をあなたにお伝えする決心を保つのはなかなか骨が折れます。

お話ししたように、船長はエルシノア[2]までの航海の途中で、私をアーレンダール*[3]かイェーテボリで上陸させてくれると約束したのですが、逆風のため夜の間にどちらも通過せざるを得ませんでした。しかし朝になり、イェーテボリ湾口の光景が消えた後、風が凪いで来て船は止まり、船長は私の願いを聞き入れて水先案内人を求める旗を掲げ、岸に向かって船を進めてくれました。

＊　ノルウェーの地名

私の目は灯台[4]に釘づけになりました。どんなに不安な気持ちで二時間もの長い間、救いのボートを待ち続けたか、あなたには想像もできないでしょう――でも、誰も現れはしませんでした。水平線の上を雲がよぎるたびに救い手が来たかと歓びの声をあげましたが、希望がせっかちに生み出す予想がたいていそうであるように、近づいていくとそれは目の前で失望となって消えていきました。

期待することに疲れて、それから私は船長と状況について話し始めました。私の質問が引き出した情報をつなぎ合わせると、たとえボートを待ってもここで上陸できる見込みはほとんどないという結論に達しました。専制[5]政治がたいていの場合そうであるように、この国でも働く意欲を麻痺させているのです。国王に雇われている水先案内人は薄給のため、かなうならば危険に足を踏み入れるどころか、見張り台から離れようともせず、義務とよべる最低限のことをするだけなのです。イングランドの沿岸とは何という違いでしょう。そこではずいぶん激しい嵐の中でも、臨時収入を期待するボートがすぐに迎えに出て来ることでしょう。

エルシノアまで航海する気にはなれず、かといって停泊し続けたり沿岸を数日も巡航したりするのはもっと嫌でしたので、言葉を尽くして船長に船のボートを出してほしいと頼んでみました。ずいぶん一生懸命お願いしたのですが、なかなか説得できませんでした。

ボートを出さないのは海の一種の約束事です。船長は性格のよい人でしたが、凡俗な心の持ち主はめったに一般規則を破りません。慎重さはいつも弱さの隠れ蓑です。彼らは何をするにも、行けるところまで行ってみようなどとはしません。何事につけそれ以上は行くまいと心に決めています。船長は一筋縄ではいかなかったのですが、しかし、船員たちとはすぐに話がつきました。許可が出るやいなや、彼らはてきぱきとボートを降ろし、それを漕いで灯台まで連れて行こうと言ってくれたのです。

私は、そこから岩礁を迂回してイェーテボリに至る移動手段があるだろうと決めてかかっていました。船に拘束されるのはもう嫌だったのです。

よい天気の日でした。海を満喫しながら小さな島に近づいてみると、そこに人っ子一人見あたらないことをマルグリット(6)が訝しがり始めました。気の毒に、彼女はいつも冒険心より臆病心が先に立ってしまいます。私は彼女の言葉に耳を貸しませんでした。しかし、上陸しても同じ静けさがあたりを覆っていて不安になりました。その気持ちは、私たちを見て二人の老人が仕方なくあばら小屋から出て来たのを見ても収まりませんでした。彼らは見た目にはほとんど人間とも思えず、私たちが質問して意味の分かる答えを得るのは一苦労でした——結局分かったのは、彼らはボートを持っていないし、いかなる口実でも持ち場を離れることは許されていないということでした。しかし彼らは、八マイルか一〇マイル離れた湾の向かい側に水先案内人の家があると教えてくれました。船員たちは二ギニーを握らされて、船長の不興を買う危険を承知でもう一度ボートを漕ぎ出して、私をそこまで運ぶ気になったのでした。

心地よい天気でした。岸辺の様子は実に雄大でしたので、船員たちの顔にありありと疲労の色が浮かんでいなければ、そこに着くまでの二時間を楽しく過ごせたはずです。船員たちは文句も言わずに、持ち前の屈託のない陽気さで、吹いて来たわずかな西風に乗って船長が自分たちを置き去りにして出帆するのではないかなどと冗談を言い合っていました。しかし、彼らの上機嫌にもかかわらず、進んでも進んでも遠のいていくかのような岸辺は、彼らの労苦に終わりはないと告げているようで、不安は募るばかりでした。今まで目にした中で最も絵[7]のように美しい湾に入り、人の住む形跡を探しても無駄だと分かると、この心配はさらに深まりました。船に戻ることは考えるのも嫌でしたので、この板挟みの中でどうすべきか決めかねていると、一艘のはしけが現れて救われた思いになり、案内を乞うためそちらに向かって速度を上げました。そしてすぐに、突き出た岩を通り越せば水先案内人の小屋が見えて来るだろうと教えてもらえたのです。

その景色には厳かな静けさがあり、それは確かに感じ取ることができました。日光は海上できらめき、海はそよ吹く風にほとんど波も立てずに大きな黒い岩と対照をなし、その岩は天地創造の生の材料がまだできていない空間の防壁になっているように見えて、強く心を打ちました。しかし、水先案内人の小屋まで同じように静まり返っていなくてもよさそうなものです。よそ者、特に女性はめったに訪れないような奥まった小屋に近づくにつれ、そこに住む人間が好奇心から窓辺や戸口に出て来ないのが不思議に思われました。すぐには思い出すことができなかったのです。生きていくのに必要な食物を探すので精一杯のまるで獣のような人には、想像力がほとんどあるいはまったくないのだと。想像力は好奇心をよび、それがあれば心のかすかな思いつきを実現することができ、その思いつきが人間に万物の霊長たる地位を与えます。――もし、彼らがそのどちらかでも持っていれば、だらだらと耕すその土地にしがみついて満足してはいられないでしょう。

船員たちが姿も見せない住民を探しに行っている間に、そんな思いが頭に浮かびました。そして、パリの人々がいつも目新しいものに強い好みを示すのを思い出し、その好奇心こそ、彼らが洗練の度を向上させて来たことの証のように思えました。そうです、生活の技術の向上です――社会生活の喜びを得る最初の一歩を妨げる心配事、それを逃れる技術なのです。

水先案内人たちは船員に、彼らが退役した大尉の指揮下にあること、大尉が英語を話すこと、さらに彼の命令なしには何もできないということを告げました。それに、たとえお金を払ったとしても、無精な彼らが腰を上げて大尉の住居まで連れていってくれはしなかったでしょう。早く船員たちを帰らせたかったので、私だけを案内してほしかったのですが、彼らは首を縦に振りませんでした。再び私たちが沖へ漕ぎ出すと、水先案内人たちもしぶしぶついて来ました。するとさらに鋭く突き出た岩をまわったあたりで、一艘のボートが私たちの方へ向かって来るのが見えました。大尉自らが私たちが誰なのか知りたくてやって来たのだと、すぐに分かりました。

　船員たちにこれ以上苦労をかけないように、すぐ私は荷物を大尉のボートに移してもらいました。彼は英語が話せるので、予備交渉など不要でした。もっとも、私を気遣うマルグリットは、私が見知らぬ男性に自分たちを託すの見て、強い不安の表情を浮かべずにはいられませんでした。大尉は自分の小さな家を指差しました。そこに近づいていって一人の女性の姿を見た時はやはりほっとしたものです。マルグリットのように、強盗や殺人あるいは他の怖い[8]こと、船員たちなら口にするような、女性が想像するのもおぞましいことを考えたりしたわけではなかったのですが。

　中に入ると、それはきれいな家で田舎の気品も多少漂っていてさらにうれしくなりました。ベッドはモスリン織で、粗末ですがまぶしいほど真っ白です。床にはネズの木の小枝が敷かれ（後で分かったのですが、この国の習慣です）、それがカーテンと好対照でさわやかな心地よさを醸し出し、昼間の暑さを和らげていました。でも、一番うれしかったのはてきぱきとしたもてなしです――家中のありとあらゆるものが、この上なく白いリネンの上にすばやく広げられました――私が船を降りてすぐだったということをお忘れなく。好き嫌いは言わなくても、船ではうんざりしどおしだったのです。魚、牛乳、バター、チーズ、そして残念なことに、この国のわざわいのもと、ブランデーも食卓に並べられました。食事の後にはさらに歓待[9]しようと、彼らは上等のコーヒーを少し秘密めいたそぶりで出してくれたのですが、それが禁止されている飲み物だとは、その時は知りませんでした。

　家の主人は、何かと顔を出してすまないがと言い訳をしながらも、英語を話すのが楽しいあまり放っておけないのだと明かしました。謝ってもらう必要などなかったのです。私も彼がいてくれて同じようにうれしかったのですから。夫人とはほほえみを交わすことしかできませんでした。彼女は私たちの服の作りをじっと観察していました。最初は私の手を見て、彼女は私がひとかどの婦人であると悟ったようでした。もちろん私は敬意を表してもらいましたが、北国の礼儀にはその気候の持つ冷たさと筋金入りの岩のような堅さもうかがえます。でも、この謹厳実直な国の農民には、黄金時代[10]の素朴さが大いにあり、人情と思いやりにあふれていて、善意と心のこもった天性の思いやりを感じただけでも、私の顔はほころびました。私が疲れていることなどお構いなしに、次々と会釈をされるのには閉口しましたが。

　職務の都合で選ばれたにしても、この家のある場所は美しいところでした。主人は沿岸の水先案内人すべてを統括する役人[11]で、難破船の見張り役にも任命されていたので、湾全体を見渡せるところに住む必要があったのです。彼は実戦に赴いた経験もあり、この国に大きな功績があったことを示す、いささか誇らしげでお似合いのバッジをつけていました。彼が名誉という形で俸給を得て来たことは喜ばしく思えました。彼の受け取る給料は、年額わずか一二ポンドほどなのですから――スウェーデン・ダカット[12]から換算する手間はお互いのために省きます。かくして、役得[13]はなくならないというわけです。同じように抜け目のない処世術はいたるところに見られます。この点についての批判はまた後ほど。

家の主人は身の上話で楽しませてくれ、そのおかげでこれから会うことになる人々の様子も見当がつきました。でも、私はそれよりも岩山に登ってこの土地を眺めたり、あの律儀な船員たちが船に戻れたかどうかを確かめたくてしかたがありませんでした。大尉の望遠鏡を借りると、穏やかながらも追い風を受けて航行している船が見えました。海は静かで、さざ波が揺れてとても浅い川のようにさえ見えました。広い内湾にはボートを示す黒い点は見あたりません。ということは、案内人たちは船に着いたのです。

さらにあちこち見渡すと、岩の間から顔を出しているスミレに目が引きつけられました。よい前ぶれではと思わず手を伸ばし、一通の手紙に包んで取っておこうとすると、心の慰めにはならなかったその手紙[14]のつらい思い出で目頭が熱くなりました。でも、それも四月のにわか雨のように消え去りました。シェイクスピアに通じている人なら、この花が恋の矢の色に染められた小さな西方の花、「娘[15]たちがつれづれの恋と呼ぶ」花だと思い起こすでしょう。[16]私の幼い娘はただ無邪気にはしゃいでいました。前ぶれや悲しい思い出などどこ吹く風で、娘には花や恋心よりも野イチゴの方がうれしかったのです。

ここは広くて便利な湾なのだと大尉は教えてくれました。私にはそれは判断できなかったのですが、絵のような美しさは感じられました。岩に岩が重なり、格好の防波堤となっています。これ以上近寄るなと語気鋭く言い放ち、黒い肌を波に向けて鈍い響きをたてている岩。その眺めは不毛ながらも、わずかばかりの地面は見事な緑で覆われ、この上なく可憐な野の花に彩られていて、山羊や点在する牛に豊かな牧草を約束しているようでした。何と静かで穏やかな情景でしょう。私はうっとりしてあたりを見渡し、湧き起こる喜びに浸りました。人の幸せの予感を確かなものにしてくれるその喜びは、今までずいぶん長い間感じたことがなかったほど強いものでした。[17]フランスで目にした恐怖、森羅万象すべてに影を投げかけたあの恐怖を忘れていました。持って生まれた私の熱い気持ちは、何度かなわぬ愛の涙にぬれたことか。その熱い気持ちが新たによみがえり、人の素朴な思いやりに私の心は開かれ、失意[18]は消え去ったのです。

　この喜びが続くように、ある一家を訪ねようという大尉の提案にはすぐ同意しました。その家の主人は英語を話し、しかもこのあたり一のひょうきん者であると大尉は言い、屈託なく笑いながら逸話をいくつか繰り返し話してくれました。

　歩き続けながら、なおも私は風景の自然美を楽しんでいました。気づかないうちに崇高[19]な景色に取って代わって美しい景色が現れることがしばしばあり、痛いほど凝り固まっていた気持ちを解きほぐしてくれました。

　その住居に入ると、それは今までに見た一番大きな家で、大勢の家族に紹介されました。でも、楽しい話がたくさん聞けるだろうと楽しみにしていたその家の主人は不在でした。そこで大尉がお互いの挨拶の通訳をするはめになったのです。たどたどしい通訳ぶりではありましたが、意志を通わせ、お互いに関心を抱くには表情と身振りで十分でした。その家の娘たちはとても活発で、私の前では控えめにふるまいながらも、大尉をからかわずにはいられません。彼が嗅ぎたばこが欲しいと言って手渡された箱から、底に固定されていた作り物のネズミが飛び出しました。この手のいたずらは大昔から行われていたのは疑いもありませんが、相も変わらず楽しい笑いを誘いました。

　彼女たちはたいへんよく礼儀をわきまえていましたが、親切なあまり私の幼い娘の世話を焼き過ぎるのに気がもめて、やむなく早めにおいとましました。すると、彼女たちの二、三人が私の夕食の足しになるようにと家で見つくろったものを持ってついて来ました。確かに量は十分でしたが、手放しでおいしいというわけにはいかないものもありました。どれにもたっぷりと入っている砂糖と香辛料が口に合わなかったのです。夕食の時、大尉は私のことを観察眼の鋭い女性だと率直に言いました。私が彼に「男の質問」[20]をしたからだそうです。

　旅の用意は手際よくすみました。イェーテボリ行きの馬車を手配するには時間がかかるので、駅馬車[21]しか利用できませんでした。二一、二英マイルの旅程の運賃は、一一、二シリング以下だろうと見積もると、はずんでもそうだと大尉は請け合いました。彼には一ギニー半を差し出しました。しかし、それほど多くの金額を、それどころか宿泊と食事に対するどんな謝礼であろうと、彼はなかなか受け取ろうとしませんでした。こんなにもらってはほとんど泥棒のようなものだと彼は言い、旅費の相場を説明してくれました。それでも私が譲らないので、彼は自分の分として一ギニーを受け取りましたが、条件として、道中困難や詐欺に遭わないように私に同行すると言い張るのでした。

それから名残惜しさを感じながら部屋に戻りました。とても素晴らしい夜で、できればもっと長い間散策を楽しみたかったのです。それでも、明朝はかなり早く起きなければならないことを思い出し、気の進まぬまま床についたのですが、意識が冴え渡ってあれこれと想像がめぐり、なかなか休めません。六時前に目が覚めると、朝のすがすがしい大気を感じました。ずいぶん前から、鳥たちが日の出を歓迎してさえずるのが聞こえていたのですが、日の光は夜もすっかり消えることはなかったのです。

北国の夏の夕暮れや夜の美しさに匹敵するものはありません。夜と言っても、昼間の輝き、つまり強過ぎると思うことの多い空いっぱいの光がないだけの時間をそう呼ぶことができるとすればですが。ここでは真夜中でもろうそくなしで十分に書き物ができるのです。私は眠りについている森羅万象に思いを馳せていました。さらに黒みを増した岩は、まるで大いなる眠りに加わり、さらにどっしりと大地に身をあずけているかのようでした。――私は思わず声をあげました。どのような活動原理[22]が私を動かして、今もなお目覚めさせているのか。――周りのものすべてが安らぎの家にいるように見える時に、私の思いがはるか遠くへと羽ばたいていくのはなぜなのか。娘も静かに眠ったままです――閉じかけた花のように無邪気に可憐に。――安らぎの家に対する思いと、その夜考えこんでいた社会のあり方に関する思いとが入り交じり、今しがた口づけした娘のばら色の頬に涙を落としました。我を忘れて叫びたくなるほど感情が打ち震え、感動で胸が張り裂けそうでした。それがかえっていつもよりも生きていることを実感させるのでした。

この抑えきれない気持ちは何なのか。世の中に嫌悪感を覚えたり友人が薄情であると知った時、いくたび憂鬱になり、時には人間嫌いに陥ったことか。そんな時は自分が人類という大きな塊からはがれ落ちた一片のように思えました。――私は孤独だった。でも、やがて自然に湧いて来たある共感[23]の気持ちが、一つになろうと引き合う力のように、自分がまだ大きな全体の一部であると感じさせてくれた。そこから自分を切り離すことはできなかった――たぶん、できなかった、と言いましょう。考え過ぎていますので。生命の糸は、人生の悲惨な体験で魂の流れが滞り損なわれるたびに魅力を失いますが、それを断ち切ることはできなかった。未来よ、幸福というものが存在すると知っている人たちに、おまえが与えることのないものなどあるのか！　あきらめの境地のことを言っているのではありません。苦しみのあまり人はそれをすっかり納得してはいますが。

夫人が気を遣って、私たちよりずいぶん前に起きて準備してくれたコーヒーとミルクを飲み終えると、大尉は私の荷物を船で先に運んでくれました。馬車を家までは安全に引いて来られなかったのです。

道は始めは岩が多く、進むのに苦労しました。しかし、御者は細心で、頻繁にそして突然現れる上り坂や下り坂にも馬は慣れていたので、私は何の危険も感じずに娘の遊び相手をしていました。臆病なマルグリットの世話に任せる気にはなれませんでした。

馬に飼葉をやるために小さな宿屋で止まった時、スウェーデンに来て初めて嫌な思いのする人の顔に出会いました。その男は今までの道中で出会った誰よりも立派な身なりをしていたのですが、大尉との間で口論になり、その内容は、私が原因であること以外は何であれ見当もつきませんでした。彼が怒って宿屋を出ていって決着したのですが、すぐに税関の役人だと教えられました。専門職の人間がまさに国民性を台なしにしているのです。こんなに素直で親切な人々と暮らしているはずなのに、彼は税吏の顔しか見せませんでした――同様の人にはイングランドやフランスでも何人か出会ったことがあります。まだ大きな町に入っていなかったので、私は旅券の発行を受けていなかったのです。イェーテボリ(24)ですぐに取得できることは知っていたし、単に面倒なのでトランクの検分に同意しなかったのです。彼は居丈高に金銭を要求しましたが、大尉は約束通り決然として不当な要求から私を守ってくれました。

町の入り口で尋問されて、書類一枚に過ぎないのですが身分を明らかにするという面倒を省くために、それにお腹を満たすものがほしくもなっていましたので、大尉は私たちに馬車からくだって、私なら降りてと言うところですが、歩いて町に入ってほしいと言いました。

満足のいく宿が見つかるだろうと期待していたのですが、通されたのはとても居心地の悪いところで、しかも当地の正餐の時間から三、四時間も経った五時に近かったので、温かい食べ物がほしいとは言えませんでした。

その宿屋を見て紹介状をあてにするしかないと思い、その中の一通の住所を訪ねていくと、宛[25]名の人物は夕食をごちそうしてくれて、その間に私のためによい宿を探しに人を出してくれました。その食事中にこの国について物語るようなことは何も起きませんでしたので、ここで筆を擱くことにします。

かしこ

第二の手紙

イェーテボリはきれいですがすがしい町です。オランダ人[1]によって造られたのでそれぞれの通りに運河が走り、どうしようもないほどひどい歩道さえなければ、並木通りのおかげで町並みはたいへん心地よいものです。

スコットランド人、フランス人、スウェーデン人の富裕な商家[2]がいくつか立ち並んでいますが、スコットランド人が一番成功しているようです。革命戦争以来、フランス[3]との商業取引と委託取引は巨大な利益をもたらし商人は富を得ましたが、それは残念ながら生活必需品の値上がりという他の住民の犠牲の上に成り立つものでした。

有力者、つまり最大の資産家はすべて商人ですので、彼らの主な楽しみと言えば仕事のことを忘れてくつろぐ食卓です。お酒を相応に楽しんだ後も、手紙を書いたり勘定書の清算をするはずの彼らにしては、それが広げられるのは早過ぎる（午後一時から二時）ように思えます。しかし、無数の会合が催されることになっても、文学も大衆娯楽も話題にのぼらないとなれば、人が楽しんで集まるのはおいしい食事くらいのものでしょう。ささやかれるのが上流社会お好みのうわさ話だけとすればなおさらです。政治はどうかと言えば、それが話題となって議論が続くということは、世界のどの田舎町でもめったにありません。当地の政治は未発達ですので人々の知的能力にぴったり合っています――概して目の及ぶ範囲が精神活動の範囲を決めるものです。

　世界を見れば見るほど、文明とは恩恵なのですが、その進歩の跡をたどったことのない人には十分に評価されていないという確信が深まりました。文明は私たちの楽しみを洗練するだけでなく、私たちの感情が太古の繊細さを保つことのできる多様性をも生み出します。想像力の助けなしには、あらゆる感覚の喜びは無知蒙昧に陥ってしまうはずです。目新しさが絶えず想像力の代わりを果たすのなら話は別ですが、それはあり得ないことです。ソロモン(4)は日の下には新しいものはないと言明しましたが、それはこの倦み疲れた状態を意味していたのではないのでしょうか――感覚の引き起こす粗野な感情には、新しいものは何もないのです。それでもなお、ソロモンの時代以降、想像力と悟性が多くの、実に多くの発見をして来たことを誰が否定するでしょうか。しかも、それらの発見もさらに崇高で有益な発見の先ぶれに過ぎないように見えます。内省の習慣を身につけなかった人々の中に想像力を見いだしたことは一度もありません。判断力や審美眼(5)が必要とされず、芸術や学問の修養によって培われることもない社会では、感情や思考のあの繊細さが情緒という言葉で表されることはほとんどありません。おそらく学問的探求心の欠如が、よそから来た人が小さな町の人々から受ける歓待ばかりでなく、この国の親切なもてなしの理由でもあるのです。

親切なもてなしは、思うに、旅行者たちによって善良な気持ちの証としてもてはやされ過ぎて来たのです。ですが、私の考えでは、見境のないもてなしが判断基準となって、人は怠惰や空っぽの頭を甘く評価してしまいます。言い換えれば、精神がそれ相応に働かないので酒瓶が廻されるというおつき合いの楽しさが好まれるのです。

これらの感想は、これまでに私が旅した中で最もてなしが厚かったダブリン[6]についても同様にあてはまります。でもここではスウェーデンにしぼって意見を述べることにしましょう。

実際、私はこの国のごく一部を見たに過ぎません。それでも、この国の風習と教養についてはっきりとした考えを持つようになったと思います。首都はまだ訪れていませんが、実際、そこでは田舎で見るほどには国民性を見いだすことはできないでしょう。

スウェーデンの人々は自分たちの礼儀正しさを自慢しますが、それは、教養ある洗練された精神からはかけ離れたもので、面倒な形式と儀式があるばかりです。育ちのよいフランス人のように人の性格にすぐ溶け込んでくつろぎを与えるどころか、スウェーデン人の過剰な丁重さは人の行動を絶えず拘束します。財産が与えてくれるような優越感は、無意味な形式の遵守以外に教養でまさるものがないと、意図したことの反対の効果を生み出します。その結果、スウェーデンでは、人を喜ばせることだけを考え自分の行為を賞賛してほしいとはまったく考えない農民こそ、最も礼儀正しい人々だと考えざるを得ませんでした。

彼らの食事もまた、挨拶の仕方同様にフランスのへたな模倣です。料理は地元のものに加えて、さまざまなものが入り乱れていて、食べ物本来の味が損なわれ風味もよくありません。あらゆるもの、パンにさえもスパイスと砂糖が入っています。濃い味つけの料理に対する好みについては、塩漬け食品を常用しているからとしか説明できません。冬のためには大量の干し魚と塩漬け肉を蓄えざるを得ません。それらを食べた後、夏の新鮮な肉や魚は無味乾燥な味がするのです。さらに日頃からよく飲む蒸留酒のせいもあるでしょう。毎日、正餐と夕食の前に、たとえ食卓の上で料理が冷めかかって来ても、男性も女性もサイドテーブルに集っては食前酒としてブランデーのグラスを傾けながら、[7]バターつきパン、チーズ、生のサーモンやアンチョビーを食べます。この後すぐに塩漬けの魚や肉が続いてさらに胃を刺激するのです。ああ、二、三時間もただ観察し続けるしかなかったものについて、少し時間を取って述べさせてください。正餐が進むにつれ料理の皿は果てしなく次々と取り替えられ、もったいぶった調子で客の手から手へと回されるのです。でも、私はたびたびそうだったのですが、たとえ最初の料理が好みでなかったとしても、他の料理をその順番が来る前に頼むということはたいへんな不作法なのです。しかし、少し辛抱すればたっぷり食べられます。お客を招く日の一幕一幕を、幕間のできごとももらさずにざっと記してみましょうか。

序曲は昼食――魚、肉、鳥の料理が二時間続きます。この間、デザートはテーブルの上に置かれたままで、せっかくのイチゴとクリームにまで、料理の匂いが染みついてしまいます。食後すぐに客間でコーヒーが出ますがそれで終わりではなく、パンチ、エール、紅茶とケーキ、生のサーモンなども並べられます。夕食がしんがりをつとめますが、序幕の昼食と張り合って、皿（8）の数ではそれにほぼ匹敵します。こんなのは一日でたくさんだとお思いでしょう――しかし、明日も、その明日も――終わる間もなくまた始まる饗宴は、厳しい冬が恐ろしい姿で白い髪を振り乱してしかめ面を見せる時ならば、おそらく我慢できるでしょう。しかし、はかなくも美しい夏の間は、心やさしい異国の人々よ、私は時にはあなた方の樅の木立の中へ逃げ込み、美しい湖のほとりをさまよい歩き、登っても登っても岩がどこまでも続くのを眺めたいのです。岩は巨人の手を凌ぐものによって積み上げられ、天まで届いてその光を遮り、あるいは昼の名残の光に染まります――その光は薄暮まで弱まることもほとんどなく、爽やかなそよ風を巻き起こし、月はきらびやかな装いで忽然と現れて、青空を厳かな気品を漂わせて滑るように動いていきます。

牛の群れに響いていた鈴が鳴り止みました。荒れ野を渡り終えたのです。（9）夜の魔法の時刻ではないかしら。流れはさざめき天に響くような音楽を奏でては静まり、そして平和の精霊たちが騒、永遠とはこんな瞬間のうちにあるのです。この世の心配ごとは、夢を作っているふわふわしたものの中に溶け込んでいきます。愛の最初の希望やなくした喜びの回想のようにやさしい魅惑に満ちた夢想が、慌ただしい生活の中で心に重くのしかかる悲しみを振り払おうと、空しく奮闘して来た不運な人間を未来へと誘うのです。おやすみなさい。目の前の大空に三日月がかかり、誘われてそぞろ歩きしたくなります——月は太陽を銀色に反射しているのではなく、自らが金色に燦然と輝いています。おりる夜露も気になりません。刈られた草をいっそうかぐわしくするだけです。

さようなら!

第三の手紙

スウェーデンの人口は二五〇〇万人から三〇〇〇万人と見積もられて来ました。これほど途方もない国の広さにしては少ない数字です。国土で耕作されているのはほんのわずかで、しかもごく単純なやり方で、生活に必要なものを最低限供給するのがやっとです。ニシンが簡単に捕れる沿岸部では、開墾された形跡はほとんどありません。過酷な風雨にもひるまず、草木も生えない岩の上に震えながら散在している小屋は、荒削りの丸太で造られていて、ごつごつした土台はほとんど手つかずなので入り口につながる通路らしきものも見あたりません。

寒さに身を縮め、刺すような突風を避け顔を伏せて暮らしていれば、飲酒[1]という野卑な慰みが貧しい人々の生活の楽しみになっているのも当然でしょう。特に濃厚な味つけの食品やライ麦パンが常食であることを考えれば無理もありません。一年に一度しか焼かないパンですから、どれほど固いかは想像がつくでしょう。使用人たちも、たいていの家庭では同じようなパンを食べ、そして主人とは違う食べ物が与えられます。この慣習の擁護論はいろいろ聞きましたが、私には野蛮な風習の名残に思えます。

　実際、使用人の立場を見ているとあらゆる点で、女性の使用人の場合は特にそうですが、スウェーデン人が合理的な平等という正しい概念を持っているとは言い難いことが分かります。使用人は奴隷と呼ばれているわけではありませんが、主人は給金を払っているので、彼らに手をあげても罰を受けません。もっとも給料があまりに低いので、貧しさのあまり彼らはものをくすねるでしょうし、卑屈さから不実でがさつにもなります。それでも男[2]は女を抑圧して男の威厳を保とうとします。一番単調でしかもきつい仕事は、したがって、あくせく働く哀れな女の役目なのです。これはよく目にしました。冬には彼女たちは、肌着やシーツなどを川に持っていって、冷たい水で洗うのだそうです。氷で傷ついた手がひび割れて血を流していても、同じ使用人である男たちは面目を保とうとして、洗い桶を運んで手助けしようとはしないそうです。

　彼らが靴も靴下も履かないと聞いても驚くには当りません。彼らの賃金はほとんど年に二〇シリングから三〇シリングにも満たないのです。使用人に新年や他の時節の贈り物をする習慣は確かにあります。でも、そんなことで彼らの労働への正当な補償になり得るでしょうか。使用人の処遇はどの国でもたいへん不公正だということは認めます。あの自由を誇る国イングランドでも、多くの場合極めてひどいものです。私は紳士たちが使用人に決して口答えをさせないと言うのを聞いて、何度も憤慨したことがあります。また、実に繊細な感受性をお持ちのご婦人方が、動物に対する民衆の残酷さを絶えず非難しているのに、従者が人間の姿と同様に感情も持っていることを忘れているのを目の当たりにしました。使用人が家族の一部になっている様子くらい心地よい光景はありません。概して、彼らの気持ちに心を砕くことで彼らもあなたに対してそうするよう感化できるのです。私たちは使用人を大切にしなければなりません。さもないと彼らの幸せに十分注意を払うことなどできないでしょう。身代以上の暮らしをして、家族に分相応の喜びを与えるよりも隣人にまさることに熱心な主人が、どうして使用人の幸せに気を配ることができるでしょうか。

実際、自分が食べはしないごちそうを見て作ってじらされている使用人が誠実を貫くのは、質素な食べ物しか思い浮かばない貧しい人々よりはるかに難しいことです。ですから、ここでは使用人が盗みをするのは普通ですが、押入りや街道での強盗はめったに聞きません。たぶん、この国は住民がほんのわずかなので、追いはぎや馬追いはぎと呼ばれる盗賊の話が多くないのでしょう。通常追いはぎは大都市の落とし子です。みじめさから逃れるための貧困との命がけの苦闘と言うより、豊かさが生み出す不純な欲望の結果なのです。(3)

農民の楽しみはコーヒーやブランデーを飲むことでしたが、前者は禁止され後者の自家蒸留は許されなくなりました。先王による戦争が続いたせいで、歳入の増加とあらゆる手段での国内正(4)

貨の安定が必要となったのです。
カール一二世[5]の治世以前の税金はわずかでした。それ以来、税の負担は絶えず重くなり、食料品の価格も比例して高くなって来ました。それどころか、利益優先でフランスへ小麦を、ドイツにライ麦を輸出しているため、この秋それが和平によって終わらない限り、スウェーデンとノルウェー両国では食料不足に陥るでしょう。さまざまな種類の投機で物価がほぼ二倍になっているのですから。

戦争の影響とはこれほどであって、中立国からさえも活力を奪うのです。中立国は突然富が流入し始め、為政者の野心の生け贄である哀れな国々を荒廃させる破壊行為によって繁栄しているように見えます。しかし、それが突然の富の増加が生み出す非常に卑劣で獣じみたものであろうとも、悪徳について詳しく述べるのはやめましょう。一つの公理として、一国が富から得る真の恩恵は、富を得るために必要な勤勉さにのみ比例すると言えるはずですから。

刑罰のあるコーヒー飲用の禁止令や公立蒸留所に対する奨励策は、貧困層を疲弊させる傾向がありますが、彼らは奢侈禁止法の不利益は受けません。と言うのは、近年摂政[6]が衣服の品目に非常に厳しい*制限を設けましたが、それで悲嘆にくれたのは中流層で、彼らは生涯着られたはずの美しい服を捨てざるを得なかったのです。

これらは民衆を苦しめるものと言えるでしょう。それでも、先王が亡くなり、王の功名心が当然もたらしたはずの事態を国民が免れたことは、せめてもの救いかもしれません。

その上、フランス革命は王冠を戴いた君主を用心深くさせただけでなく、いたるところで（彼ら同士の間を除いて）貴族への敬意を大いに弱めたので、小作人は領主に対する盲目的な敬意をなくしたばかりでなく、抑圧に対する不満も堂々とあらわにしています。彼らは以前はそれを抑圧と呼ぶことさえ思いつかなかったのです。自分たちを異なった種類の存在と考えるように教育されていたのですから。そしておそらく、ヨーロッパの他の国々同様、この国で貴族が力を保とうとする努力は、その力を衰えさせる一番有効な様式となるでしょう。考えてみれば、スウェーデン王はほとんどのヨーロッパの君主同様、貴族の特権を侵害することによって常に自分の権力を拡大して来たのですから。

首都の名門のスウェーデン人は旧式のフランス流儀にならって育てられ、たいていフランス語を話します。彼らは言葉を習得するのが巧みでかなり流暢に操ります。これはある点では強みと考えられるかもしれませんが、そのせいで母国語は洗練されず、文学活動の大きな発展はまったく見られません。

＊　婦人たちは黒と白の絹、無地のモスリンしか身につけることを許されず、他にも同種の制限があった。

最近*ある気の利いた著述家が、「アメリカ人は実に賢明なことに、ヨーロッパ人に自分のための本や服装をこしらえさせる」（手元にその書物がないので[7]正確な言葉を引用できません）と述べています。しかしこの意見には同意できません。一定数の、しかもそれなりの作品を生み出すのに必要な考察は、共同体における知識の量を、思いの外増大させます。気まぐれな読書は普通は気晴らしに過ぎません。ですが、私たちは考察を加える対象を持たなくてはいけません。そうでなければ、考察が内面にまで及ぶことはほとんどないでしょう。旅をしている時がそうですが、[8]日誌をつけることは多くの有益な疑問を呼び起こします。それは、旅行者が目的意識をまったくもたず、目に入るものすべてを見ようとだけ決めていたならば思いつきもしない疑問です。それに、文学を少しかじるだけでも、無邪気な話の種にはなります。そうした話題は我慢できないほど疲れることが多くても、そういう手持ちの話題でもないと、小さな町の人々は噂話と人のあら探しに終始します。性格の悪さよりは怠惰な生活が中傷陰口を生み、些細なできごとへの関心が[9]心を偏狭にします。あの些細なことへの子供じみた執着を生み出すのは、人の話題になることへの恐れに過ぎないことが多いのです。それは、有用性という広い見識やあらゆる道徳原理の基本——単なる因習的美徳ではない美徳に対する尊敬とは相容れないものです。

あなた、私はますます強く確信するようになりました。悟性そして精神を発達させるには、都会あるいは孤絶した住まいが最善だということを。人間、自然、あるいは自分自身のどれを熟知したいと願うのであってもです。人と交われば自分の偏見を吟味せざるを得ず、それを分析しているうちにいつの間にか偏見が消えることはよくあります。そして田舎では、自然と親しみ、洗練されていない目では見えない無数の細かな様相を見ていると、想像力にとって大切な情緒をもたらし魂を広げてくれる疑問が生まれてきます。田舎本来のすべての特徴が、開墾によって取り除かれ台なしになっていない時は特にそうです。

私は田舎が好きです。でも、絵のように美しい場所を選んで家屋が建てられているのを見るたびに、改良(10)された風景には懸念を抱きます。全体を形作ったり、周囲の風景**によくなじむしつらえや装飾を取り入れるには、非凡な審美眼が必要です。

---

* クーパー氏のアメリカ報告(11)を参照のこと。

** 英国(12)の造園について言えば、木陰を多く取り入れ過ぎ、大きな失敗をしていることが多いと思います。木陰は我が国の気候が求める木陰はさほど濃いものである必要はないということを考慮していないのです。木陰は太陽の強い熱を遮断し、人気のないひっそりとした場所を提供してくれれば十分です。しかし多くの大庭園や公園では、太陽の光が差し込むことがほとんどありません。これらの庭園は目を楽しませるかもしれませんが、所有者が人知れず外気や孤独を楽しむための「わが家の散歩道」ではありません。異常に雨の少ない夏の間を除けば、そこは湿って冷え冷えとしているのですから。同じ理由で、洞窟(13)もこの温和な風土にはばかげています。陰を落とす一本の木があれば、英国人が感じる最も強烈な暑さから逃れるのにイェーテボリ近郊の、改良された風景を周囲に持つ邸宅(14)を訪ね、たいへん気に入りました。松で覆われた岩に抱かれた湖が近くにあります。牧草地の一部では大きな広がりに目を奪われます。他の場所では木陰に目が行き、その一部が川になっていて砕けた岩や木の根を縫って勢いよく流れているのが見えますが、どれも人工的な感じはしません。そびえ立つ崖の間のひときわ大きく荘厳なくぼみには、天然の石のテーブルと座席があります。ドルイド教の集会場だったのかもしれません。その下の静かな流れは水辺の花々に生気を与え、そこでは軽やかな足取りの妖精たちが円になってふわりと楽しげに舞ったのでしょう。

ここは趣味によって手が加えられたことが明らかですが、それが押しつけがましくはなくて、同じ地区にある、金に糸目をつけずに建てた別の邸宅とは対照的でした。そこに置かれたイタリア風の列柱は、自然の岩の圧倒的な素晴らしさを引き立てているだけです。そして石の階段のせいで木造家屋が崩壊の危機に瀕しています。一年の四分の三は雪に覆われる宿命のヴィーナス像やアポロ像も同様に場違いに見え、官能的な感動を与えるどころか、周囲の荘厳な風景から気がそがれてしまいます。それでも、このような虚栄心のでき損ないでも有益ではありました。無数の職人が雇われ、指揮を執る芸術家は彼らの不器用さに苦しみながらも、原則の規律にしたがわせて彼らを進歩させたのです。さようなら!

愛をこめて

十分でしょう。はっきり言うと、何のための庭園かということが明確にされるべきです。自然が最も活気あふれる季節に合わせて木を植えるべきではありません。その時は国全体が一つの庭園――はるかに美しい庭園なのですから。いたるところにではなくても、庭園には高木より低木や花々があるべきと考えます。そして日光で我が国の春、秋、冬が活気づくようにするためには、美しい線の大流行を取り入れた蛇行した散歩道は、もっと使い勝手をよくすべきです。それに、我が国では四季を通じて、特に雨上がりには、幅広い真っ直ぐな砂利道は運動をしたい人々にはたいへん好都合です。天気がよければ、牧草地ではつづら折りの小道が待っています。それは、思考を妨げられ空想も楽しめない、型通りの曲がり道よりはるかに素晴らしいのです。

第四の手紙

スウェーデンの長い冬の厳しさのせいで住民は怠惰になりがちです。この季節には特有の楽しみがあるのに、厳しい気候から生活を守るのにあまりにも多くの時間が費やされるからです。その上、暖かい衣服が欠かせないので、女は糸を紡ぎ男は機を織ります。こういう苦労をして寒さを防ぐ手段を手に入れるのです。農家の集落を通り過ぎると布が漂白のために広げられているのをよく見かけました。中に入るといつも女性が糸を紡いだり編み物をしたりしていました。

しかし子供には間違ったやさしさを発揮して、夏でも毛織物を着せています。冷たい水の洗濯は当然のごとく嫌われているので、言うまでもなく毛織りの服や敷物には嫌な匂いがこもり、かわいそうに赤ん坊は不潔な身なりをしています。これは何度も浮かんだ疑問――これまで通り過ぎた村ではどうしてもっとたくさんの子供を見なかったのだろう――への答えになっているようです。実際、子供たちは蕾のうちに摘み取られたかのように、年相応の愛嬌やかわいらしさがありません。そしてこれは、気候の厳しさよりも母親の無知によるところがはるかに多いに違いありません。子供はいつも汗をかくままにされて身体が弱り、毛穴すべてから不潔な湿気を吸い込んでいますが、母親は乳飲み子にさえ、ブランデーや塩漬け魚や他のこなれの悪いものを与えるのです。親たちは空気に触れ身体も動かすのでそれを消化できるのですが。

当地の裕福な女性には、どこでもそうですが、子供に乳を与える乳母がいます。そして、下層階級の女性は慎ましさにまったく欠けているので、彼女ら(1)は信頼できないことが多いのです。

イングランドとアメリカでの、田舎の若い女性の行儀の違いを、あなたからうかがったことが何度かありました。イングランドの女性の慎み深さは気候のせい――温暖な陽光がないためなのだと。しかしスウェーデンで心弱き(2)女性に道を誤らせるのは、感覚にやさしく忍び寄る西風ではなく、星回りに違いありません。――この国の岩を見て、自然の官能美ゆえに欲望がかきたてられ、それを満たそうとするのだと考える人はいないでしょう。したがって、スウェーデンとアメリカの田舎の若い女性の行動を説明するには、それ以外の理由を探さなければなりません。官能美には情操と想像力の混じり合ったものが常に存在しており、これまでのすべての観察から、どちらの女性もそれをたいして持ち合わせてはいないという結論に達したからです。

アイルランドとウェールズの田舎の若い女性も同じように自然の最初の衝動を感じます。イングランドではそれが恐れや慎み深さで抑制されていることは、社会がより進歩した状態であることの証明です。さらに、精神が養われ趣味が洗練されるにつれ情感はより強くなり、一時的な共感よりも確固としたものを土台とするようになります。乱れた恋愛の原因となるのはいつも健康と怠惰です。心の修練が身体の修練に釣り合っていないすべての人は怠惰であると言ってもさほど過言ではないでしょう。

スウェーデンの女性は身体も十分に動かしません。当然若[3]くしてたいへん太ります。ふっくらした体型は寒い土地では快適そうとおっしゃるかもしれませんが、そうでない女性たちも美しい容姿とは言えません。でも、彼女たちはほとんどがよい顔色をしています。ただ、不摂生のためにバラ色はすぐにユリの青白い色に追い出されてしまいます。多量のコーヒーや香辛料などのせいで、そして手入れをしないのでほとんどの人が歯をだめにしてしまい、せっかくのルビー色の唇が台なしです。

ストックホルムでは女性尊重の騎士道精神も伝わっていて、生活様式が洗練されているとのことです。でも田舎は、猥雑な意味合いも含めて、奔放で粗野で節度に欠ける空気に満ちています。清潔さの点では、あらゆる階層の女性が不十分のようです。そして彼女たちの衣服は、女性には本来審美眼よりも虚栄心のほうが多く備わっていることを示しています。

男性はさらにたしなみを軽視しているようです。彼らはたくましく健康な輩で、機知や情操よりは常識とユーモアの気質で知られています。ご推察通り、この国民気質の一般論には、国外に出たことがあり礼節をわきまえた見聞の広い一部の貴族や軍人は含まれません。

正直に言って、当地では下流階級の人の方が、育ちのよさを気取り偏見を持っている中流階級の人より、はるかに私を楽しませ関心を引きます。農夫に顕著に見られる思いやりのある率直な心根は、気取らない優雅なふるまいさえ生み出し、まるで絵のようだと感心することもしばしばでした。また、自分の欲しいものをうまく説明できないでいる時に、親切にしてあげようという彼らのこの上ない好意や、その気持ちを伝えようとする真剣な態度に心を動かされることもよくありました。やさしさにはこんなにも魅力があるのです！　――同胞である人間を愛し、あふれ出て来る率直な好意に出会うことは実にうれしいことです。それでも、あなた、知性の範囲がこんなに狭い人たちと一緒に、ずっと田舎に住みたくはないと思い始めました。私の精神が興味を抱くことはしばしばあるでしょうが、知性はよりふさわしい社会を思い焦がれるでしょう。

自然の美しさは若い頃より今の方がいっそう魅惑的に見えます。世の中を知るにつれ審美眼は養われこそすれ損なわれることはありませんでしたので。しかし、田舎の住民については、おそらく空想をたくましくして心を慰めて来たのでしょう。見せかけの礼儀に嫌気がさした時、無垢の興味深い誠実さに教養が加われば素晴らしいだろうと考え、無知が本来生み出す無気力には目をつぶって来たのでしょう。(4) 私は動物が遊んでいるのを見たり、その痛みや喜びに心を寄せるのが好きです。それでも、時々はゆかしい人の面影を見たいと思うし、心と同様に魂のさまざまな様相をたどってみたいのです。

まもなく地方への旅に出なくてはなりませんが、それは私の観察を広げてくれることでしょう。

——さようなら！

第五の手紙

単なる観光でスウェーデンを旅行するつもりだったなら、ストックホルムを目指した方がよかったでしょう。けれど、これまでに重ねた観察から、ある国民の生活様式を最もよく認識できるのは田舎であると確信していました。首都の住民は誰もが同じ種類の人たちです。それゆえ、人間の多様性を見るためには、居住地が遠く隔てられ[1]気候風土の違いがそのまま出ている場所を探さなければなりません。その違いを目にして、おそらく最初はたいへん強く心を打たれるでしょう。ちょうど第一印象で人物の主な特徴を推し量るようなもので、それはやがて親密になれば見えなくなってしまいます。

ノルウェーへの道中、[2]仕事でストレムスタード（スウェーデン国境の町）へ行く必要があり、この国で最も未開の地を通ることになると聞いていました。それでも、スウェーデンの主要な特徴はどこでも同じで、また描写がかなうものも主要な特徴だけだと思います。どんな眺めにも個性があり、それは私たちの目を引いた個々の特徴と同じくらい強烈に記憶に刻まれます。しかし、その個性を描き分ける言葉を見つけて、行ったことのない人に、これがその地形であれがその風景だと分かってもらうことはできません。想像力を働かせて楽しむことはできます。しかし、記憶に事実を詰め込むことはできません。

この国の大まかな姿をお伝えしたいので、とりとめのないまま、状況に即した意見や感想を時間を無駄にしないよう整理して述べ続けることにします。

スウェーデン国内の旅行はたいへん安価で、手はずさえ整えておけば快適とさえ言えます。ヨーロッパ大陸の他の地域同様、ここでも自分の馬車を手配したり、言葉に不案内な場合はその言葉を話せる使用人を雇う必要があります。時には、馬車を操れる使用人がとても役に立ちます。私たちがそうでした。二人の紳士と一緒に旅をしたのですが、そのうちの一人には馬車の扱いがたいへん上手なドイツ人の使用人がいました。(3) 旅の一行はこれだけでした。長く滞在するつもりはなかったので、幼い娘は残して来たのです。(4)

頻繁に往来のある道ではなかったので、三、四時間も馬を待つのを避けるため、慣例に倣って前の晩に先駆け人を送って宿場ごとに依頼しておくと、馬は常に用意されていました。最初の一組の馬は冗談で「徴用」馬と呼んだのですが、その後は威勢よく進む元気のよい馬に出会うことはほとんどありませんでした。

起伏があるのを大目に見れば、道路はとてもよくできていて快適でした。費用は御者とその他の費用を含めて、*一スウェーデンマイルにつき一シリングにも達しませんでした。

宿はまともでしたが、ライ麦パンは苦手なので、出発前に小麦パンを調達する必要がありました。ベッドはまた特に気に入りません。中に入るとお墓に沈んでいくような心地がしました。箱らしきものの中に置かれた羽毛に身を沈めると、朝になる前に窒息してしまいそうです。彼らは夏でさえそうするのですが、二枚の[5]羽毛ぶとんにはさまって眠るのは、どの季節でも極めて不健康に違いありません。どうしてそんなことに耐えられるのでしょう。特に夏はたいへん暖かいのですから。でも、暖かさを彼らは感じないようなのです。いつも窓を閉め切っているので、外気を怖がっているとしか思えません。冬、こんな風に閉め切られて、彼らの流儀で暖められたストーブのある室内にいることは絶対にできないでしょう。一日に二度しか薪をくべず、ストーブが十分に暖まると部屋に人が大勢いる時でさえ、空気が入ってストーブが燃えさかることのないように煙突を閉めてしまうのです。ストーブは陶器製で、多くは部屋の装飾となる形をしています。よそで見て来た重い鉄製のものにはなかった形です。ストーブは経済的かもしれませんが、私は暖炉の火、それも薪の火の方が好みです。暖炉は空気の流れを作り出すので、部屋の暖房と

＊　スウェーデンの一マイルはほぼ六英マイルに相当する。

しては最良の方法に違いないでしょう。

二日目の夕方早くクヴィストルムという小さな村に到着しました。そこで一晩を過ごすことにしていました。その後はストレムスタードに着くまでまともな宿屋は見つからないだろうと知らされていたからです。

沈み始めた太陽と共にクヴィストルムへと向かっていると、あたりの美しさにひときわ心を打たれました。道は岩山の下り坂で、苔のような草と不ぞろいな樅の木がところどころ顔をのぞかせていました。谷間では川が石だらけの湾曲部で向きを変えながら、灰色の岩で覆われた海岸へと駆け下っています。海の眺めは左手に開け、右手では川が草地の中に穏やかに延び、こんもりとした森の上り斜面に姿を消しています。近づいていくと、野花の咲くこの上なく美しい土手が景色を彩っていて、あたりの空気をさらに芳しくする香りを放っていそうでした。その空気のすがすがしさは、あなたも見えるような気がするでしょう、ああ！　しかし臭いは想像もできないでしょう。油を採ったあとで肥料にする腐ったニシンが、耕作地にされた区画にまかれていて、すべてを台なしにしているのでした。

その臭いは我慢のできないもので、宿屋の中にまで入って来ました。他の点では感じのよい落ち着いた宿でしたが。

夕食の準備を待つ間、橋を渡ってせせらぎを聞きながら川辺を散策しました。土手に近づくと、馬車に乗っている時からその美しさには引かれていたのですが、なじみ深い多くの花が一面に咲き誇っているのが分かりました。

そこに腰を下ろして、気づいたある明白な事実に注目せざるを得ませんでした。私には、スウェーデンは植物学者[6]や博物学者を輩出するのに世界中で最もふさわしい国のように思えます。[7]あらゆる対象が万物の創造、すなわち奔放な自然の最初の奮闘を思い起こさせるようでした。ある国が一定の完成度に達すると、最初からそう造られていたかのように見えて、好奇心が起きないことがあります。さらに、社会生活では多くのことが起こり過ぎて、どれも大多数の人々にははっきりと認識されません。しかし田舎では、と言っても都市近郊の田舎ではないのですが、ものを静観する人、すなわち詩人は俗人の目が見逃してしまうことを感じたり見たりして適切な推論を行います。こんな黙想を続けていたら、考えも散歩も両方とも、もっと先まで行ってしまったかもしれません。でも、あのニシンから漂うひどい臭いから逃れることができず、それがすべての楽しみを台なしにしてしまいました。

新鮮なものがあまり食べられない旅行中としては、なかなかの夕食をすませると、川のせせらぎを子守歌代わりに寝ようと部屋に戻り、その川からずいぶん苦労して水を汲んで来て、いつものように身体を洗いました。

旧来の敵対心に新たに火をつけた、デンマーク人とスウェーデン人の間の[8]最後の戦闘は、一七八八年にこの場所で起き、戦死者は一七、八人でした。圧倒的に優勢なデンマーク人とノルウェー人が、スウェーデン人に降伏を余儀なくさせたのです。しかし病気と食料不足が、引き上げる敵軍にとって致命的な打撃を与えたのでした。

当時の出版物でこの交戦の詳細を調べるのはたやすいでしょう。しかし、紙幅をそのように埋めることは私の目的ではありませんので、確かな人から聞いた逸話を伝えるためでなければ、当地で戦闘があったことには触れなくてもよかったかもしれません。

先ほどこの町についてお伝えした際、宿屋に着く前に急な坂を下ったことに触れましたが、宿屋の片側には巨大な岩の背が張り出しています。宿屋はその岩の下に隠れていて、そこから一〇〇ヤードほど離れたところに川を跨いで橋が架かっているのですが、そのせせらぎは素晴らしいものでした。その川は歩いて渡ることはできず、スウェーデン人の将官が、その橋に陣取って道路を死守するよう命令を受けたのです。勢力ではるかに劣る軍隊にとっては最も有利な場所でしたが、美女が人に霊気を及ぼすのは宮廷内に限られません。(9)その宿屋の女主人は美しい人で、私が会った時もその片鱗がいくらか感じられました。その将官は、彼女の家を守るために唯一の防御の要衝を放棄し、後日命令無視の廉で降格されたのです。

辺境に、つまり海に近づくにつれ、再び荒涼とした様相が深まりました。と言うよりは、生命と美を生み出すのに必要なあらゆるもので覆われるのを待つ、天地の骨のようでした。それでもなお崇高でした。

雲は脅かすようにそびえる岩の色を映していました。太陽は輝くのを恐れるかのようで、鳥はさえずるのをやめ、花は咲くのをやめていました。しかし、ワシは岩山高く巣を作り、タカはこの荒涼たる住みかの上空を舞っていました。赤貧洗うが如しの農家は丸太作りで、寒気や吹き寄せる雪もろくに防げません。戸外に住民の姿はほとんどなく、子供の遊びやおしゃべりを見聞きすることもありません。生活の流れが源で凍てついているようでした。思い起こすまでもなく、季節は夏ですからすべてが凍りついているわけではありません。しかし、あらゆるものがあまりにも沈滞していて、氷でも見えればその活気のなさも納得できるのにと思いました。

前日、私たちの通って来た田舎の野生の美に何度も目を奪われました。

空高く頂のそびえる奇抜な岩はたいてい松や樅の木に覆われ、まさしく絵のように変化に富んでいました。森の陰で景色が暗くなっていないところには、小さな茂みが奥にたたずみ、樹木のない谷や峡谷のまばゆいばかりの緑は、鬱蒼と茂る松の陰影と好対照をなしています。静けさが住みついているようないくつものひっそりとした場所に目が吸い込まれ、次々と現れるたくさんの小さな湖が、風景の安らかな落ち着きをいっそう引き立てます。わずかに見える耕作地でうっとりした気分が消えることもなく、城の塔が高くそびえて田舎家を圧倒し、人間は森の住民より野蛮だと証明するようなこともありません。熊のことは聞いていましたが、残念ながら歩き回っているのを見ることはありませんでした。野生の状態で見ておきたいと願っていたのですが。聞くところでは、熊は冬に群れからはぐれた牛を襲うことがあるそうで、飼い主にはたいへんな損害だということです。

農地は狭く、実際、道中目にしたほとんどの家は、貧困と言うよりはむしろ生きるのに精一杯の暮らしを物語っていました。国境に近づくにつれて家々の様子はさらにひどくなり、土地の不毛を隠す気などないかのようでした。住居の周りには心なごむ庭もなく、戸口の棒に干されている魚のつけ合わせになるジャガイモやキャベツも植えられていません。ちらほらとわずかに穀物が伸びていますが、その長い茎は一本一本数えられそうです。この見捨てられた土地を通ったのは陰鬱な日でした。身を刺すような風で、冬が大自然と争って、季節を変えようと弱々しくもがいているようでした。たとえ太陽が照るようなことがあっても、ここの石を暖めることなど絶対にないだろうと思いました。せいぜい苔が付着して、固い石の一部になるだけです。植物らしきものが一つでも現れて人の心に希望を与え元気づけることもないでしょう。

世界の原始時代の定住者が、自ずと楽園が現れる南の風土で生活していたとはまったく考えられなくなりました。種々の状況から推測して、ひょっとしたら人間の最初の居住地は、めったに姿を見せない太陽に崇拝の念を抱かせるこのような土地だったのではと考えるようになったのです。鬼神や半神半人の崇拝よりも早く現れたであろう太陽崇拝が、南の風土で始まったはずがないからです。太陽が間断なく存在する南方では、それが善と見なされることはなく、むしろ、この栄えある光は、不足を感じることが全然ないので、恩人と呼ばれることもなくその恩恵を無頓着にばらまいたのでしょう。したがって、人間はまず北[10]に置かれて太陽を追い求める気にさせられ、そして地上のさまざまな場所に人が住むようになったのです。土地に定着する耕作技術を何一つ持ち得ない場合、未開人の群れが常に穏やかな気候を求めて、これらの地域からあふれ出ていったのも少しも不思議ではありません。特に、本来人類に共通の冒険心は、社会の揺籃期の方がより強くそして広く見られることを考慮に入れればなおさらです。マホメットの信徒や十字軍の行状がこの説を裏づけてくれるでしょう。

ストレムスタードに近づくにつれ、町の様相が今し方通って来た田舎と実に合っていることが分かりました。田舎という言葉を使うのは躊躇したのですが、他に見つかりません。でも、一面の岩場についてお話しすると言うよりはましでしょう。

町は岩場の上に、そして下にも作られています。風雨にさらされた木が三、四本、風に縮こまっています。かろうじて生えている草を見て、ジョンソン博士[11]の「かつて不毛だった地に数本の草を生やした者はその国に大いに貢献した者である」[12]という大げさな言い回しが、この地にはまさしくふさわしかっただろうと考えざるを得ませんでした。教会の尖塔はやはり高くそびえています。たとえルター派にとっても、尖塔のない教会はあり得ないでしょうから。しかし、そのような吹きさらしの場での災害を防ぐために、賢明にもその尖塔は少し離れた岩山の上に建てられ、教会の屋根を危険にさらさないようになっています。

あたりを歩いているとドアが開いており、中に入ってみると、たいへん驚いたことに牧師が書記だけを相手に祈禱を捧げていました。すぐにスウィフトの「親愛なるロジャー」[13]という言葉を思い出しました。しかし尋ねてみると今朝誰かが亡くなり、スウェーデンでは死者のために祈禱をするのが習慣だとのことでした。

輝くことなど決してないのではと思った太陽が現れたのは、ただ人を困らすためなのに違いないと今や思い始めました。風は確かにまだ身を切るようですが、足の下の岩が我慢できないほど熱くなって来たのです。しかも以前あんなに不快に思ったニシンの匂いがまたもや私を襲って来たので、急いである商人の家に逃げ帰りました。その人は市長ではないもののたいそうな資産家で、土地のちょっとした名士です。

そこではたいへん手厚い歓待を受け、本当に上品な大家族[14]に紹介されました。北国のユリと以前書きましたが、水辺のユリ[15]と言い添えた方がよかったかもしれません。多くの人が、若い女性ですら肌の色が、雪にいだかれて漂白されてしまったように見えるのです。しかしこの家族の若い人たちは、バラの花がいつものようにはつらつと咲いているようでした。美しく青い瞳に瞬く炎は、一体どこから持って来たのでしょうか。

この家に一泊し、翌朝は早起きしてノルウェーへの小航海の準備をしました。水路を取り、一行を残して一人で行くことにしていました。しかし、船の手配に時間がかかる上に逆風が強く、こういう大荒れの天候の中を海に出るのは安全ではないと告げられました。それで仕方なく翌朝まで待つことになり、空いたその日は煩わしい思いをするのではと不安になりました。家族で一〇語ほどのフランス語しか知らず、英語はまったく分からないこの一家が、私をもてなしたい一心で部屋に一人にしておいてはくれないでしょうから。町はすでにあちこち見て回っていましたし、海岸をさらに先まで行っても、荒涼とした景色に囲まれた代り映えのしない広大な海が見えるだけです。

ノルウェーをのぞいてみたいという男性たちが、わずか三スウェーデンマイル先のノルウェー最初の町、[16]フレデリクスハルに行くことを提案しました。往復してもほんの日帰りの旅で、船旅の妨げにはならないだろうと思い、その提案に同意して年長の一番[17]かわいらしい娘に同行を勧めました。美しい顔が喜びに輝くのを見たかったのと、男性方の話し相手をしてもらっている間にノルウェーをじっくり眺める機会を持ちたかったので彼女を誘ったのです。

事前に計画したことではなかったので、両国を隔てる渡し場へ行く途中でスウェーデンで最も険しい山道を登ることになるとは思いもよりませんでした。

崖の間に入ると風が遮られます。暖かい陽光が揺れ動き小川が流れ、松の木立が岩山をさまざまに彩ります。時に岩は突然むき出しになり崇高に見えてきます。特に一度などは、とても恐ろしい絶壁を登った後、とてつもなく狭い谷道を通らなくてはならず、迫り来る裂けた岩山が今にも崩れそうで怖い思いをしました。道を折れるとすぐに緑濃い草地と美しい湖が見え、ほっとして目を奪われました。

私はスイスを旅したことはありませんが、同行の一人は、荒涼たる壮大さでは比肩することがあっても、この風景にまさるものはスイスでも見られないだろうと言い切っていました。(18)

この遠出は予定外だったので事前に馬を手配しておらず、最初の駅で二時間も待たされました。時が過ぎ去っていきます。道が非常に悪く、断崖を登るのにいつの間にか時間がかかっていました。でも、各駅で指定の時刻に馬を用意するように頼んだので、帰りはもっと速く進めるだろうと考えていました。

食事のためになかなか立派な農園に立ち寄ると、ハム、バター、チーズ、ミルクを出してくれました。代金がずいぶん安かったので、のぞき見していた子供たちに少しのお金を手間賃として置いて来ました。

渡し場に到着すると、そこでも待たされました。渡し船で働く人々の仕事ぶりはあきれるほどのんびりで、急いでいる時には本当に腹立たしくなりますが、今回はそう感じませんでした。崖の間を縫うようにして、私の目は壮大な岩の岸の間をうねっていく川を追っていたのです。その風景の仕上げは両岸を覆う樅や松で、その間を吹く風の音は、落日と共に自らを寝かしつけているかのようです。

さあ、ノルウェー上陸です。川の両岸の住民の生活様式の違いを目の当たりにして驚きを禁じ得ません。あらゆる点で、ノルウェー人の方が勤勉で裕福です。隣人はえてして最良の友人ではないので、スウェーデン人はノルウェー人のごまかしを非難し、ノルウェー人はスウェーデン人の偽善を告発して応酬します。おそらく隣接地域という状況が両者の言い分を不当なものにしているのでしょう。彼らは理性ではなく感情で話しているのです。そして、旅行記作家の大半が同じようにして来たことを考えると、これは驚くには当たりません。彼らの旅行記が世界史編纂者の材料として役割を果たしました。皆が国民性について述べようとしますが、それが正しいことはめったにありません。持って生まれた違いと後天的なそれを区別しないからです。よく考えてみると、先天的な違いと言っても、風土に感化された快活さや思慮深さ、喜びや苦しみの程度の違いでしかないだろうと思います。その一方で、宗教を含めた政府の形態が生み出す多様性は、はるかに数多く不安定なものです。

ある国民は生まれつき愚かだとされて来ました。何と矛盾した考えでしょう！　隷属状態にある人間は勤勉を鼓舞する目的がなく、自分を動かし得る唯一のものすなわち自己利益によって自らの能力を磨いてこなかったことを考慮に入れていないのです。文明進歩の段階が人文・自然科学を生み出す段階に達していなかっただけなのに、それらの素質がない獣と紹介されて来た国民もあります。

人間の歴史、すなわち人間の精神の歴史をより大規模に捉えた著作家たち[19]も同じ誤りに陥っています。生活必需品の入手が難し過ぎたり易し過ぎたりする場所では、情感は弱いままだということを考慮に入れていないからです。

あらゆる国が自分の国のようであることを求めるなら、その旅人は自国に留まっているべきでしょう。たとえば、ある国民が清潔な身体や優雅な生活様式の点で一定の水準に達していないと責めるのはばかげています。それは趣味が磨かれさえすれば生じることで、社会全体の洗練と比例してどこででも起こるようなことです。著述家が社会になし得る最も本質的な寄与とは、探求と議論のきっかけを作ることでしょう。そのような独断的な説を述べることではありません。それは人の精神を架空の環で取り囲もうとしているようにしか見えず、彼の住む社会を描いた上辺だけの地球儀のようなものです。

この探求の精神[20]は今世紀の特徴であり、この精神から後の世代が膨大な知識の蓄積を受け継ぐことになることを信じて疑いません。そして、その知識の普及によって、各国の見せかけの国民性が大いに打ち破られることも疑いありません。国民性は永続すると思われて来ましたが、それは無知が永続することで保たれて来たに過ぎないのです。

カール一二世が包囲されて命を落とした地フレデリクスハルに着いた時は、軽食を用意してもらう間に少しだけ町を眺める時間しかありませんでした。

悲運のカール一二世！　尊敬の念と共に彼に思いを馳せました。アレクサンドロス大王にもいつも同じ気持ちを抱いて来ましたが、彼と共にカール王を狂人の部類に入れた著作家たちがいます。彼らは、不変の道徳律が依拠する少数の大原則とその時代の道徳とを混同して浅薄な推論をして来たのです。当時の無知と偏見を酌量しないので、自分自身の学識が全体の進歩にいかに多くを負っているか気づいていないのです。美徳についてさえそうです。未発達な状態の社会で、個人の努力によってそれを獲得する精神力を、彼らは持ち得なかったでしょう。[21]

この季節の常で天気のよい晩でした。松林のさわやかな香りはいっそう鮮やかになりました。フレデリクスハルを発ったのは夜九時になってからだったのです。渡船場では私たちのスウェーデンの旅券に関してもめごとがあり引き留められました。ノルウェーでの認証が必要だとは思いもしませんでした。真夜中が近づいて来ましたが、それは夜の真昼と呼んだ方がよほどふさわしいでしょう。詩人ヤング[22]がもし北方へ旅していたなら、月に魅せられてしまっても何の不思議もないだろうと思えたほどです。しかし、月の光に包まれたこの空を支配しているのは夜の女王だけではありません。太陽は地平線のわずか下をゆっくり進んで、崖を背後から照らしながら、光の車から放つ黄金の色合いで月を飾っていますが、澄み切った淡い青色の天空もまた月を際立たせて、宵の明星は肉眼では小さい月のように見えます。樅の木で縁どられた岩山の巨大な影は、景色を陰らすこともなくその濃淡を鮮明にして穏やかな憂いをかき立てます。それは想像力を純化し、心を憂鬱にすることもなくむしろ高揚させてくれます。

同行の人たちは眠りにつきました――幸いいびきは聞こえませんでした。私は訝しまれるのも恐れずに、今まで見たことも感じたこともないような、感覚を魅了し心を静める夜に思いを馳せました。朝の新鮮さがみなぎるにつれて空気さえ芳しくなり、実になまめかしい感覚に襲われたのです。自然に抱かれて胸を開き、とらえどころのない喜びの感覚に我を忘れました。魂は自然の創造者のもとへと昇り、一日の始まりを見ると言うより感じ始めた小鳥のさえずりを聞いていました。移り変わる時をゆっくりと見つめることができました。銀色の光の筋をまとった灰色の朝が――何と美しく紫色に変わりながら――東方の光の到来を告げたことか！　ただ、それ以前にあった淡い色の雲が見えなくなったのは残念でした。その雲はある種の期待を抱かせ、魔法が解けないようにと息をつくのさえはばかられる思いでした。日の出を見て――ため息が出ました。目を覚ました同行の一人が、御者が道を間違えたことに気づいて文句を言い始め、他の二人を起こし、彼らは不満そうに眠気を振り払いました。

すぐさま来た道を引き返さなければならず、朝の五時になってやっとストレムスタードに帰り着きました。

夜の間に風向きが変わり、船の用意ができていました。

一杯のコーヒーと新しい下着で元気を取り戻し、私は直ちに再びノルウェーに向かって出発しました。沿岸のずっと北の方に上陸するつもりです。

船底で厚手の外套にくるまって帆布の上に横になりました。船の動きに揺られて休みましたが、無礼な波に眠りを妨げられて起き上がり、昨夜ほどは慰めてくれない孤独に包まれました。

さようなら！

第六の手紙

海は大荒れでした。しかし、経験のある水先案内人がいたので何の危険も感じませんでした。時には船が遠くに流されて行方不明になるとのことでした。けれども、先のことなど予測できるものではありません。[1]明らかな苦労は一日だけで十分です！

私たちは島や巨大な岩を縫って舵をとらなければなりませんでした。岸が視界から消えることはほとんどなかったのですが、海に接しているもやにしか見えないことも時々ありました。水先案内人は、ノルウェー沿岸に数多くある港はとても安全で、彼らの船がいつも見張りをしていると請け合ってくれました。スウェーデン側はたいへん危険なのだそうです。外国船は経験の助けを生かすことがあまりできず、岸辺の水面下に潜む岩を避けて進むことができないそうです。

ここにもカテガット[2]海峡にも潮の満ち干はありません。その結果なのでしょうが、砂浜もありません。たぶん以前も見てはいたのでしょうが、あらためて考えもしませんでした。波はむき出しの岩に絶えず打ちつけるだけで潮がまったく引かないので、砂が堆積することはないのです。

順風でしたが、ラルヴィク(3)に入港するためには、向かい風に対して帆を切り返して進まなければなりませんでした。ラルヴィクには午後三時近くに着きました。きれいな気持ちのよい町で、立派な製鉄所があるために町には活気があります。

ノルウェー人は旅人の姿に接することがあまりないので、旅人の用件や素性に興味津々です——あまりにも好奇心が強いので、同じように詮索好きな人々が多いアメリカを旅行した時のフランクリン(4)博士のやり方をまねてみようかという気にさえなりました。名前、どこから来てどこへ行くのか、そして何をしに来たのかを紙に書いておいて、人々の閲覧に供するという方法です。しかし、彼らの好奇心に悩まされはしても、その親切なふるまいはありがたく感じられました。一人で旅をしている女性は彼らの関心を引きます。そして私が、疲れのせいで妙にか弱く見えたのかどうか分かりませんが、人々は私に近よって来て、手助けをしようとし、ほしいものを尋ねるのでした。私を傷つけたくない、守りたいと思っているかのようでした。私が呼び起こした同情の念が、このように見知らぬ土地で雲から降りかかり、心を動かされました。さまざまな理由で——思い詰めたり——気が狂うほど思い巡らしたり——また娘との初めての別れで胸に巣くった一種の軽い憂鬱によって私の精神が苦しんでいなかったら、これほど心を動かされはしなかったでしょう。

一人の女性として、私が娘にとても深い絆を感じていることはお分かりでしょう——女性の隷属的で抑圧された状況を考えてみると、私は母親としての愛着や気遣い以上のものを覚えます。彼女が信念のために感情を、あるいは感情のために信念を犠牲にさせられはしまいかと不安です。手を震わせながら、感受性を養い繊細な情操を育むつもりです、バラの花にみずみずしい赤みを与えようとして、棘を鋭くしてしまい、守りたいと切に願う胸を傷つけたりしないように。——娘の心を開くことが怖いのです。彼女が自分の住むはずの世界になじめなくなりはしないかと。——不運な女性たち！　何という宿命なのか！

でも、話がそれてしまいました。素朴な人々の親切によって感動が顔に出てしまい、痛いほど感じやすくなってしまったと言いたかっただけです。個室がほしいと思いました。人々の関心と煩わしいほどの視線で当惑しきっていたのです。それでも、彼らが卵を持って来たり、コーヒーをいれたりしてくれるので、それに応えないで彼らの親切な気持ちを傷つけるわけにはいきませんでした。

当地では、もてなす側が、お客をその家の主人や女主人として迎えるのが慣習です。

今度は、私の服装が女性たちの興味を引く番でした。どうしても愚かな虚栄心について考えざるを得ませんでした。そのせいで多くの女性が、他人の注意を引くことを誇らしく思うあまり、むやみに驚嘆の目を賞賛の目と取り違えてしまうのです。女性はこの思い違いをとてもしやすいのです。女性が外国に到着すると、住民は彼女らが通り過ぎるのをじろじろ見ます。でも、たいがいは帽子の作りやドレスのもの珍しさがお世辞混じりの関心の的であって、その興味が後になってうぬぼれという奇異な建物を支える土台となるのです。

ここには馬車を運んで来てはいませんでした。上陸した場所で人が待っていて、すぐに馬車を調達してくれる手はずでした。それがうまくいかず、宿の親切な人々があらゆる知人に使いを出して、乗り物を探すのに時間がかかりました。ようやく粗末な二輪幌馬車[5]らしきものが見つかりましたが、御者はほろ酔い加減で、そのために少なからず値引きしてくれました。デンマーク人の船長と航海士が一緒でした。船長はそう上手ではありませんが馬に跨り、もう一人は私と同席することになりました。御者は後ろに乗って馬を操り、私たちの肩越しに鞭を振るって、手綱を絶対人任せにはできないという雰囲気でした。私たちのその様子は何かとても滑稽で、それを見ようと戸口に人が集まり、その中に紳士風の男性がいるのを見て、私は恥ずかしくて思わず身を縮めてしまいました。鋭く鳴り響く音を聞いて女性や子供が集まって来るので、御者の鞭をへし折ってしまいたかったのですが、先ほどの男性の顔にもの言いたげなほほえみを見て吹き出してしまうと、その人もつられて同じことをしました。——そして私たちは飛ぶように進みました。大げさに言ったわけではありません。とてもよい馬で、長時間本当に全力で疾走したのです。実際、ノルウェーで見たのと同じくらいよい馬はいますが、それ以上の馬には出会ったことがありません。英国の馬よりも体つきが頑丈で、餌をたっぷり与えられているらしく容易には疲れません。

聞いたところでは、ノルウェーで最も肥沃でよく耕作された地帯を通ることになるとのことでした。距離は三ノルウェーマイル(6)で、スウェーデンマイルより長いのです。道路はとてもよく、農民が修繕にかり出されています。英国を発ってから目にしたどこよりも、よく人の手の入った広大な田園地帯を疾走しました。それでも多くの丘陵や谷や岩山があり、平野という印象や英国やフランスで見られる風景が頭をよぎることはありませんでした。景色はまた湖や川や池によって美しさを増し、やがて海が誇らしげに私の目を引きました。そして道路が頻繁に小高い木立を通り抜けるので、風景はさらに美しさを増します。もっとも、あんなに心を震わせて眺めた先日の風景ほどロマンチックではありませんでしたが。

テンスベル(7)に到着したのは遅くなってからでしたが、なかなかの宿で眠ることができてほっとしました。翌七月一七日の朝、交渉する用件のある紳士と話していて、テンスベルに三週間も滞在しなくてはならないと知り、子供を連れてこなかったことがとても悔やまれました。

宿は静かで、部屋は海が見渡せて、急斜面の林が円形劇場のように周りを囲み、とても快適でした。宿の人は誰も英語やフランス語を話しませんでしたが、ずっと滞在したいと思ったほどです。でも、友人でもある市長が、少し英語を話す若い女性を私のところによこしてくれました。

彼女は日に二度訪れて、私の要望を宿の女主人に通訳して伝えることを承諾してくれました。

言葉が分からないことが一人で食事をするよい口実になり、遅い時間にそうできるようにしてもらいました。スウェーデンでの早い夕食が、私の一日をすっかり狂わせてしまったからです。スウェーデンでは、一日の過ごし方を変えると、客として迎えてくれた家庭の生活が乱れるので、そうできませんでした。どうしてもお断りできずに、一般の家庭からのご招待をお受けしたのですが、そこでの宿泊はかなり窮屈でした。

ノルウェー人と一緒に過ごす時は、自分の時間の段取りをしました。当地の心地よい夏をできるだけ楽しめるように、時間を割り振ることにしたのです。短いのは確かですが、「素晴らしく心地よい」夏です。(8)

この荒涼とした風土で冬を耐え忍んだ経験はありません。ですから、今年の夏がこれまでで一番美しく見えたのは、冬と比較してではなく、夏の本当の美しさのためでした。北や東からの風は陸地に遮られており、さわやかではつらつとした西のそよ風のすがすがしさにまさるものはありません。夕方にはそれもおさまり、ポプラの葉のそよぎも静かになり、休息に入った自然が月に暖められているようです。月はこの地ではぬくもりのある顔を見せます。天気雨が日の光と共に軽やかに降ったりすると、森の下生えのネズの木が、区別のつかないさまざまな甘い香りに混じって、野生の芳香を放ちます。それは心を静め、記憶に心象を刻みつけ、それを想像するといつまでもいとしく思えるのです。

自然は情操を育む乳母——審美眼の真の源——です。しかし、情操を通して生気に満ちた自然を観察する時、美や崇高に対する鋭い直観によって、何という苦悩、そしてまた歓喜が生み出されることでしょう。それは、うるわしい感情や情緒すべてがそれらに対する共感を呼び、同調した魂が憂鬱に沈んだり恍惚へと昇りついたりする時であり、移ろう風にあおられる風鳴琴(9)のように、和音が奏でられたまさにその時なのです。しかし、これらの情操をこんなに不完全なあり方のままで養うことは何と危険なことでしょう。同時に、人類愛すなわち人への情熱とは、偉大で美しいものすべてを包み込む愛情の発露に過ぎないとすれば、それらの情操を根絶することは何と難しいことでしょう。

温かい心が強い印象を受けてしまうと、それらは消えることはありません。情緒は情操になります。そして、想像力はやさしい追想によって束の間の感動ですら永遠のものにします。かつて見た忘れがたい光景を——そしてすみずみまで心を通わせた、もう二度と会うことのない人の顔を思い出すと、いつも喜びで胸が躍ります。私の親友、若き日の友(10)はすでに墓の住人となりましたが、彼女は今も私と共にいて、荒野をさまよっていると彼女の歌うようなやさしい声が聞こえます。運命は私たちを分かちましたが、あどけないやさしさを湛えた彼女の目の炎は今も心を暖めてくれます。当地の恐ろしいほどの絶壁を眺めている時でさえ、崇高な情緒に魂が奪われます。

そして、こんなことを言っても笑わないでください、朝のバラ色を見ると赤く染まった頬を思い出すのです。これ以上魂が魅了されることはない色合いでした。それが娘の頬に再び現れれば別ですが。娘のかわいい赤い頬はまだ私の胸の中にしまっておきましょう。娘はまだ小さくて、涙の出る理由など考えもしません。喜びや痛みにこれほど近い涙というものが。

今はもうこれ以上筆を執れません。明日テンスベルのことをお話ししましょう。

第七の手紙

デンマーク王[1]が絶対君主であろうとも、ノルウェー人はあらゆる自由[2]の恩恵を享受しているように見えます。ノルウェーはデンマークの姉妹王国と呼べるでしょうが、国民に君臨する総督が、国民の勤労の成果で家臣を肥やしているわけではありません。

国全体でも二人の伯爵しかいません。彼らは領地を保有し、小作人に封建的なしきたりを強いています。その他の土地はすべて小さい農地に分けられ、耕作人が所有しています。教会保有の土地で貸し出されているものも確かにあります。しかし通常は終身賃貸で、一般的には長男優先で引き継がれます。長男は二倍の財産を分与される権利に加えて、この強みがあるのです。しかし農地の価値は見積もりがなされて、長男は自分の分が割り当てられた後は、残りの家族に対する遺産相続の責任を負います。

すべての農民は一〇年に渡って毎年約一二日間、軍隊の演習に参加する義務があります。しかしそれはいつも居住地の近くなので、農民の日々の生活をすっかり変えてしまうわけではありません。

約六千人の正規兵もクリスチャニア(3)とフレデリクスハルに駐屯していますが、彼らは市民兵と同じく予備役として自らの国の防衛にあたっています。したがって、王太子(4)が一七八八年にスウェーデンに進攻した際、彼は遠征への参加を彼らに命令するのではなく、要請しなければならなかったのです。

これらの軍隊は主として小作農民の息子たちで構成されていて、農業労働者であるため数エーカーの土地を自分たちで耕作することが許されています。この人たちは志願して入隊しますが、それは限られた期間（六年間）だけで、任期を終えると除隊する権利があります。給料は一日わずか二ペンスで、食事が与えられます。それでも、この国のものの安さを考えるとイングランドの六ペンス以上に相当します。

地所を小さな農地にして配分することで、ある程度の平等が保たれており、これは他の国ではほとんど見たことがありません。そして、富裕層はすべて商人で、彼らは個人資産を子供に分配する義務があり、男子は女子の二倍を相続するのが常です。ですから地所が集積する機会は、富が巨大化して自由の均衡を崩すことになるまではありません。

私が自由について語るのを聞くと驚かれるのではないでしょうか。でも、ノルウェー人はこれまで観察して来たうちで、最も自由な共同体を作っているように見えます。

町や地区の長や、地方の判事が行使する職権には風格すら感じます。大いに善をなすことはあっても、害をなすことはほとんどありません。個人は誰でも彼らの判決を上訴できるからです。彼らも常に自らの判断の理由を示す義務があるでしょうから、多くは分別ある処断となるのです。「彼らは暴君になるための知識を身につける暇などないのです」と、この問題について私と話していたある紳士が言っていました。

農民は、たとえ権力者の不興を買っても農場から追い出される心配もなく、命じられるままに怪しげな代議士に投票するための選挙権も持っていません。ですから、彼らは高潔な人々です。生活や立身出世のために、品性を下げてまで権利保有に汲々とする必要などまったくなく、自主独立の精神で行動します。しかるべき要因から起こった場合を除いて、圧制や弾圧などに類することは耳にしませんでした。自由を享受するあまり、人々は多少訴訟好きなところがあり、狡猾な弁護士につけ込まれることはあるでしょう。しかし、官職の権限は限定されており、その俸給は有益な仕事に見合っています。

昨年、職権乱用をした男が、地方執行吏への住民の抗議によって免職になりました。

ノルウェーには州長官(5)と呼ぶのにふさわしい人が四人います。そして、彼らの判決に対する原告や被告の上訴はコペンハーゲンでなされることが認められています。

ほとんどの町の近くには共有地[6]があり、すべての住民の牛が分け隔てなくそこで草を食むことが許されています。貧しい人たちには牛は欠くことのできないもので、彼らの家計はほぼ牛で支えられています。加えて、暮らしを楽にするために、彼らは皆自分の船で魚釣りに出ます。魚が彼らの主要な食物なのです。

町の下層階級の人々の多くは船乗りです。勤勉な人たちは通常、冬を安楽に過ごすために自ら危険な仕事をしようとはほとんどしません。

国全体としては、輸入にノルウェーは大きく偏っています。

現在、小麦やライ麦の輸出は価格高騰のため禁止されています。

アイルランドが苦しんでいる従属関係にとてもよく似た通商制限[7]があり、船舶は西インド諸島[8]と交易する際、自国の港を素通りしてコペンハーゲンで荷を降ろし、それを再度積み込まなければなりません。実際の関税はわずかですが、航海は危いので二倍の危険を冒すことになります。

町に持ち込まれるすべての消費財には物品税がかかりますが、役人は厳格ではありません。家捜しに入ったりすれば、英国同様に不平をもらされるでしょう。

ノルウェー人は、私には分別のある賢い国民に見えますが、科学の知識はほとんどなく、文学の趣味はさらにわずかしかありません。しかし、彼らは芸術や科学が導入される前段階までは到達しつつあります。

ほとんどの町は港町で、港町は進歩を好みません。船長たちは船旅でわずかの浅薄な知識を得ますが、金儲けへの飽くなき関心のために、その知識を消化することができません。彼らが苦労して手に入れるお金は、この種の町の通例に漏れず、見栄やよい暮らしに費やされます。彼らは国を愛していますが、*公共心はあまり持っていません。たいがいは、家族のためにだけ力を尽くすのです。これは、政治が議論の対象となって、悟性を啓発し人心を広くしない限りずっと続くでしょう。(9)フランス革命にはこの効果があるはずです。人々は、現在大喜びで多くの共和制の歌を歌い、共和国が持ちこたえてほしいと切に願っているようです。それでも、彼らは王太子をとても敬慕しているようです。彼の人となりについての噂の限りでは、彼は国民の敬愛に値するようです。コペンハーゲンに行ったら、彼らの好意的な評価がどのような根拠に基づいているのかを確かめられるでしょう。目下のところはそれを受け売りしているだけです。

一七八八年、王太子はノルウェー国内を旅行しました。情け深い行いのために一行には尊厳が備わり、王太子の姿は歓喜の中心となりました。この町で王太子は、この国ではめったに起きない私生児殺しの罪で死刑の宣告を受けた娘を赦免したのです。その娘はその後結婚し、一つの家庭のやさしい母となりました。これは、自暴自棄の行為が、必ずしも矯正しがたい人格の堕落の証拠ではないという一つの例となるでしょう。人格の堕落は、死刑を科すことの正当化のために持ち出される、唯一のもっともらしい口実です。

もう二、三の逸話をお伝えしましょう。そのできごとがわざわざ確かめるほど重要とは思われないので、真実のほどは保証できませんが。本当であれ偽りであれ、それは王太子に恋人のような女性がいればという国民の気持ちを示しています。

クヴィストルム[(10)]での無謀な戦闘で瀕死の重傷を負った一人の将校が、王太子にぜひ申し上げたいことがあると願い出ました。そしていまわの際に、彼が婚約していたクリスチャニアの若い娘の面倒を、王太子に託したいと懇願しました。王太子がその地に戻ると、名士たちが舞踏会を催しました。王太子はその哀れな娘が招かれているかと尋ね、身分が低くとも彼女を招くよう求めました。娘はやって来ました。美しい娘でした。身分の高い人々の中で、彼女は恥ずかしそうにできるだけドアの近くに座り、誰も彼女を気に留めませんでした。間もなく王太子が部屋に入り、すぐにその娘を探しあててダンスを所望し、裕福なご婦人方に悔しい思いをさせたのです。踊り終えると、彼は娘の手を取って部屋の上座に連れていき、彼女につき添って彼女が経験した別離について心やさしく話し、結婚にふさわしい人を必ず見つけることを約束しました。話はこう伝えられています。その後彼女は結婚し、王太子は約束を守ったのでした。

＊　人の心の崇高な美徳、特に人類全体に及ぶ広い人間性は、通常推察されるよりも多く悟性に依存していると思われる。

同じくスウェーデンへの遠征時、幼い女の子が、橋の下部の丸太が切断されていることを王太子に告げると、彼はその子をクリスチャニアに連れていくよう命じ、学費を出して学校に入れてやりました。

彼の遠征時の他の功徳を紹介する前に、お話ししなければならないことがあります。当地では法律が寛大で、いかなる犯罪も極刑に処せられることはありません。殺人はこの限りではありませんが、これはめったに起きません。それ以外のすべての犯罪では、罪人はクリスチャニアの城郭と言うよりは兵器庫や、フレデリクスハルの要塞に拘禁され労役を課されるだけです。一級および二級有罪判決では、罪の凶悪さに応じて二年、三年、五年、あるいは七年の期限つきの服役刑に処せられます。三級以上になるとむち打ちをされ、額に焼印を押され、無期の労役が宣告されます。これが通常の処罰の段階です。目に余る義務不履行や残虐非道な行為に対しては、最初の判決で終身労役が言い渡されたことがありますが、多くはありません。聞いたところでは、終身労役の囚人の数は一〇〇人を超えません。八〇万人を超える人口と比べてみると多い人数ではありません。イェーテボリへの帰路クリスチャニアを通ることがあったら、もっと詳しいことを知る機会があるでしょう。

クリスチャニアには軽微な犯罪のための更正施設があり、女性が収監されて労役を課され、終身刑すらあります。囚人の状況が王太子に説明されると、彼は兵器庫と更正施設を訪れました。

兵器庫の労役囚人は非常に重い鉄鎖をつけられており、王太子はそれをできるだけ軽くするよう命じました。

更正施設の収容者は王太子に話しかけないように命じられていたのですが、終身刑に処せられた四人の女が通路に進み出て、彼の足元にひれ伏しました。王太子は彼女らに恩赦を与え、囚人の待遇について尋ね、彼女らが牢獄の出入りの時や、何か失敗をした時も、監視人の裁量で頻繁にむち打たれることを知りました。彼は人道的立場からこの慣行を廃止しました。しかし、ものを盗もうなどという気になることもない生活を享受している有力者の中には、このような体罰は必要で有益だという意見の人もいます。

要するに、すべては、王太子が自分の立場の務めを果たそうという、賞賛すべき志を抱いていることを示しているようです。その志は、その手腕と美徳を広く称えられているデンマーク首相ベアンストーフ伯爵[11]によって育まれ導かれました。国民が幸福であることは大きな賞賛に値します。私の知る限り、デンマークとノルウェーの住民はヨーロッパで最も抑圧されていない国民です。出版は自由です。現代のフランスの出版物はどんなものでも翻訳し、その問題について意見を述べ、その先行きについて議論しています。本当に自由で、政府を刺激する恐れもありません。[12]

宗教の議論についても同様に、人々は少なくとも寛容にはなって来ています。あるいは、自由思想に一歩踏み出したのかもしれません。ある著述家はイエス・キリストの神性を否定し、キリスト教制度の必要性や有用性に疑問を唱えさえしました。数年前なら誰もが奇人扱いしたでしょうが、現在ではそんなこともありません。(13) ドイツの教育に関する著作も多く翻訳されています。ドイツの教育制度を採用してはいませんが、教育は議論の的になっています。グラマー・スクールとフリー・スクールがいくつかありますが、聞いた限りではあまり質は高くありません。すべての子供は日常生活のための読み書き算術を学びます。大学はありません。また、科学の名に値するものは何も教えられていません。ある分野の知識を追求して、進歩の前触れとなる相応の好奇心を奮い起こす人もいません。知識は、地域社会の大半の人が生きていけるようにするのに、絶対に必要というわけではないのです。そして、必要とされるまでは、残念ながら知識は決して普及しないでしょう。

鉱山資源が豊かなこの国に、採集場は一つもありません。たぶん、機械や化学の知識の不足によって銀山の生産性が上がらないのでしょう。銀の年間産出量が、その費用を捻出するほどには十分でないからです。このような多数の労働者の雇用は大きな扶助になると力説されて来ました。しかし、絶対的な損失を帳消しにはできません。それに、その名目で雇われた人たちは、当然何か別の生活手段を探そうとするでしょう。政府の重荷、と言うよりは政府の税収を担う地域社会の重荷になることを好まないのです。

テンスベルから三英マイル離れたところに製塩所があります。すべての施設と同じく政府の管轄で、一五〇人以上を雇用し、そこで生計を立てている五〇〇人近くの人々を支えています。純益は増大しつつあり英貨二千ポンドにも上ります。そして、視察官の長男である利発な若者が、政府に派遣されドイツで数学と化学の多くの知識を習得して来たので、さらに改善される余地があります。彼は当地で会った中では唯一の科学的なものの見方を持った人でした。他には探究精神を持つ人に会わなかったというわけではありませんが。

セトゥーバル[14]の製塩場は砂浜のため、池で太陽熱によって蒸発をさせますが、当地には砂浜がありません。しかも、夏の太陽も長続きしないので、その方法で一年のほんのわずかな期間だけ製塩するのは無駄でしょう。ですから、ここではいつも火を使っています。また、施設全体に思慮が行き届いているように見えます。

敷地は選りすぐりの美しい場所です。ここに四〇年暮らしている人の話では、この海岸には潮の満ち干がないようです。

読み書きと算術の初歩以外、教育にはほとんど注意が払われていないことはすでに述べましたですが、教理問答は丁寧に教えられており、子供たちは教会の会衆の前で朗読をさせられます。子供たちがないがしろにされていないことを示すために、このことをつけ加えるべきでした。

学位があると人は専門的職業を営むことができますが、それはコペンハーゲンで取得しなければなりません。この国の人々は、地域社会で生きる人間は、少なくともその土地で知識の基本を身につけ、若い時から郷土愛を養うべきであると理解する良識を持っており、ノルウェーに大学[15]を設立しようと真剣に取り組んでいます。テンスベルは、この国でも最良の地域の中心地なので、設置に賛成する人が最も多くいました。大都市のもたらす悪い影響を経験している彼らは、大学をクリスチャニアの市内や近郊には作らないと決めていたのです。もしそのような施設が設立されれば、国中に探究心を喚起し、社会の様相を一新することになるでしょう。賞金が提供され、懸賞論題が出されました。これも裨益するだろうということでした。学寮と付属の学術施設が建てられれば、テンスベルは往時の重要な地位を取り戻せるかもしれません。テンスベルはノルウェー最古の町の一つで、かつては九つもの教会がありました。現在はわずか二つしかありません。一つはたいへん古い作りでゴシック風とは言われていますが、荘厳の域には達していません。ゴシック建築を壮麗にするには、途方もなく大きな外観が必要なのです。ウィンザー宮殿[16]の礼拝堂はこの法則の例外かもしれません。私が言いたいのは、現在のように上品で、き、れ、い、な状態になる前のことですが。私が初めてそれを見た時、内部の柱は時を経てくすんだ色合いになっており、建物に調和していました。そして陰翳で隠された部分がいっそうの広がりを目に感じさせたのですが、今ではすぐにすべてが視界に飛び込んで来ます。荘厳さが刷毛と箒の前に消え失せたのです。白く塗られて磨き込まれ、ついには働き者の主婦の台所にある壷や鍋のように、ぴかぴかにきれいになってしまいました――本当に。横臥した騎士の鎧の拍車は、その古びて神々しい錆を取り払われ、細部の秩序に対する愛着と、均斉と整頓に対する好みがはなはだしいことを如実に物語っています。こうして持ち込まれた光のまばゆさが、この堂々たる建築が醸し出すはずだった情緒をすっかり台なしにしています。ですから、パイプオルガンのある張り出した二階からジグのような曲が聞こえた時、私にはそこがダンスや宴会にうってつけの広間に思えたほどでした。大聖堂に入る時に、思いを馳せながらゆったりと歩んだ足取りも、軽快になってしまいました。そしてテラスでは、王室一家の姿が見えないかと跳びはねてみたのですが、頭の中では、今では思い出せないいくつもの滑稽な様子を思い描いていました。

ノルウェー人は音楽が好きで、どんな小さな教会にもオルガンがあります。先ほど触れた教会には碑文があります。ある王、*すなわちスコットランドのジェームズ六世でありイングランドの

＊「紀元一五八九年、聖マルタンの祝日である一一月一一日の火曜日、高貴なる王子にしてスコットランド王のジェイコブ・スチュアート陛下が我が町にご来臨あそばし、三位一体の祝日後二五回目の日曜日である一一月一六日に、陛下はこの信徒席においてリースの牧師M・デイヴィッド・レンツが一〇時から一二時の間に行った第二三詩編「主は私の羊飼い」などからのスコットランド語の説教をお聞きあそばした。」

右はテンスベルの聖母教会にある碑文である。

ジェームズ六世（一五六六―一六二五）は、フレゼリク二世の娘でクリスチャン四世の姉であるアン王

同一世が、王侯らしく慇懃にふるまわれて、自国までつき添うために花嫁を迎えに来訪した際、ここにおいでになり礼拝に加わったと記されています。

奥まったところには柩がたくさんあり、そこにはずいぶん昔から防腐処理をされた遺体が保存されています――あまりに昔のことで、それらの名前が推測できるような伝承さえないほどです。

遺体を保存しようという願いは世界中のほとんどの国に及んでいるようです。保存と呼ぶには空しいものです。単に筋肉や皮膚や骨を腐敗から守るだけのために、たいへん貴い器官をすぐに取り出すのですから。これらの人間の化石を見せられた時、私は身がすくみ悪寒と恐怖で後ずさりしました。「灰は灰に！」[17]と私は思いました――「塵は塵に！」――仮にこれが消滅ではないにせよ、それは自然な腐食にも劣るものです――人間の弱さを進んで隠そうとするおぞましいベールでこのように覆ってしまうことは、人間への反逆です。このようなものを目にする時ほど、生命の本質の偉大さが強く感じられることはありません。生命を奪われて石のように干からびた、不快極まる死の影を保つだけの人間の姿ほど、醜いものはないのですから。壮大な廃墟を見つめていると心が高揚するような哀愁を覚えます。――人間の努力、さまざまな帝国の運命、そしてその支配者たちを振り返ってしまいます。そしてその時代ごとの壮大な破壊に注目すると、それが不可欠な時の変遷であり、進歩につながっているように思えるのです。――魂そのものがふくらみ、自分の存在の小ささを忘れます。それを痛々しく思い出してしまうのです。このような空しい企てが、すぐに消え去る定めにあるものを、どうにか救い出そうとしているのを見ると。生命、おまえは何者なのか。この息は、生命のみなぎるこの私はどこに行きつくのか。どんな元素と混ざり、新たな活力を与えたり得たりするのか。——何が生気の魔法を解いてしまうのだろうか。——私は決して見たくありません——心の中に大切にしまってある——いとおしい姿がこのように冒瀆的に扱われるのを！　ああ、吐き気がします。——墓の中での富の栄誉はこれだけなのか。彼らは、公平な時の大鎌で、静かに一般大衆と共に刈り取られるがままにしている方がよい。人間の偉大さが移ろいやすいことを示す記念碑になろうとあがくよりも。

歯と爪そして皮膚はそのままで、エジプトのミイラのように黒ずんでは見えませんでした。そしてそれらを包んでいる絹は、本来のピンク色を保ち、さほど古びてないものもあります。

その死体がどれほどの期間この状態にあったのかは分かりませんが、最後の審判の日というものが来るとすれば、それまでこのままであり続けそうです。そしてその時が来る前に、人間を辱

女との結婚のために、ノルウェーに向かったことが知られている。また婚礼の儀がオスロ（現在のクリスチャニア）で執り行われ、そこで王女は逆風のために逗留を余儀なくされたという。しかし、もし当時の回想を伝えるこの碑文がなければ、王が航海の途上でテンスベルに立ち寄ったことは知られないままであっただろう。

めることなく、天使と一緒に登場するのにふさわしい姿にするのはたいへんなことでしょう。——神の恵みがあらんことを！　私は確信しています。私たちの現在の姿形には完成を目指す本質があり、それが壊れることはないのです。それは私たちが進歩を認識し始めることに似ています。そしてきっと人間存在のより高い状態に似合うように形成されるはずですから、次にその本質がどのような装いをすることになっても構わないのです。死について考えていると、やさしい気持ちで愛情に執着するようになります——いつにも増したやさしさで。ですから、離れればなれという一時的な死の状態が本当に必要以上には長引かないことを願い、あなたを思う気持ちの変わらぬことを誓いつつ。

第八の手紙

かつてテンスベルはノルウェーの小君主のうちの一人の居住地でした。隣接した山にはスウェーデン人に打ち壊された砦の跡が残っており、湾の入り口がその近くにあります。

何度もそこを散策しましたが、荒廃の地の君主になったようで、人に出会うことはめったにありませんでした。時には、頭上に岩がせり出した苔の生えた砂丘に横たわっていると、小石に砕ける海水のさざめきに眠気を誘われることがありました。――不作法な森の精が休息の邪魔をしに来る心配もありません。まどろみは心地よく、そよ風はやさしく、さわやかな気分で目覚めて、ふと目に留まった白い帆船を追いました。船は断崖を回って進みます。あるいは小島を覆う松の木陰に身を寄せるかのようです。小島は波間にやさしく浮かび、荒涼たる大洋を美しく彩っています。漁師(1)は悠然と網を投じ、カモメが穏やかな大海原の上を舞っていました。すべてが調和して静けさを醸し出しているようでした――サギの悲しげな鳴き声でさえ、牛の首で軽やかに鳴る鈴の音に拍子を合わせています。牛はゆっくりと一頭ずつつながって、下の谷間のきれいな小道を乳搾りのために小屋に向かって歩んでいました。眺めるたびに言葉にならない喜びがあふれ――眺め返しては目にするものに息を呑み――まさに魂が風景の中へと広がっていきました――そして、感覚だけになったかのように、静まり返った波の間を滑り、さわやかなそよ風に溶け込みました。あるいは空想が、妖精の翼をつけて、眺望の境界をなすもやにかすむ山へと飛び立ち、新緑の草地の上で立ち止まるのでした。それは、目の前の湾曲した海岸のうるわしい斜面もかなわないほど美しいのです。――再び息を呑んで目を留め、喜びも新たに、感極まった心の動きをたどります。それからうるんだ目を、下の広がりから上方の天蓋へと移すと、青空の輝きを和らげているふわふわした雲[2]へと視界が突き抜けるのでした。そして子供時代の夢見る思いをかすかに思い出しつつ、その足台で休息を取りながら、造物主の畏敬すべき王位の前に頭を垂れました。

親愛なるあなたは、私の生まれつきの激しい情愛に驚くことも、時にはあったでしょう――でもそれが私の魂の熱さなのです――それは青年時代、つまり人間存在の全盛期の快活さとは違います。もう何年も激烈な流れを静めようと努力し――感情の動きを落ち着かせようと努めて来ました。――それは流れに逆らった努力でした。――私は心から愛し賞賛するか、さもなければ悲嘆にくれるかのどちらかなのです。受けた愛情の証は私を至福で包み――それらに魅了された心を清めてくれました。――私の胸は今でも燃えて輝いています。――粋なふりをして、スターン[3]

の問いかけをまねて「マリア、まだそれはそんなに暖かいの」などと聞いたりはしないでください。もう本当に、十分過ぎるほど、私の胸は悲しみと無常な仕打ちで冷たくなりました――それでも生まれついた資質は変わりません――そしてもし私が昔の喜びを思い出して顔を赤らめるとしたら、それは、慎み深い気持ちが高じた喜びのバラ色なのです。慎みの赤い頬と恥ずかしさのそれは、それらを生み出す感情と同じくらい違うのです。

散策したことをお話しした後でお伝えする必要もないでしょうけれど、私は当地で体力を回復しました。気力も取り戻し、少しばかりふっくら《アンボンプワン》とさえしました。冬の軽はずみな行動と、ちょうど娘の乳離れの時に起きた思いもよらぬできごとのせいで、それまでに経験したことがないほど身体が衰え虚弱になっていました。スウェーデン滞在中、それにテンスベル到着後も毎晩熱が出てなかなか下がらず悩まされました。偶然、きれいな小川が岩で濾過され、家畜用に池にためられているのを見つけました。私にはその水は鉄泉[4]のような味がしましたが、いずれにせよ澄み切った水でした。虚弱な人が行って飲むとよいというさまざまな水の効果は、薬効上の効能よりも空気と運動、そして気分転換によるところが大きいと思います。そこで朝の散歩の際にその池に足を向けて、泉の妖精から健康を授けてもらうことにしました。その木陰の住人が授かる飲み物のお裾分けしてもらうことにしたのです。

同じように、思いがけずやはり健康によい新しい楽しみを発見しました。海に近いのだから海[5]

水浴をしてみようと思ったのです。しかしこの町の近くではできませんでした。設備がなかったのです。前にお話しした若い女性が、ボートで海に出て、岩の間を漕いでみましょうと言ってくれました。でも彼女はお腹に赤ちゃんがいたので、ぜひオールの片方を持たせてもらって、漕ぎ方を習いたいと申し出ました。難しくはありませんでした。これほど楽しい運動は他にはないでしょう。すぐにコツをつかんで、思考の流れとオールがいわば調子を合わせたり、あるいは、ボートが海流に流されるまま、嫌なことを忘れてのんびりしたり、あてどない希望を抱いたりしました。――ほんとうにあてどなく！　でも、希望がなければ、消滅の恐怖以外に何が人生を支えるのでしょうか。――それはかつてたったひとつ戦慄を覚えたものです――この世からいなくなることを考えるのは耐えられません――自己をなくしてしまうことを――生がしばしば痛みに満ちた苦悩の意識でしかないにせよ。いや、私には自分が存在しなくなるということは不可能に思えます。つまり、この活発で休むことのない、喜びにも悲しみにも同等に敏感な生気が、塵の集まりに過ぎないなどということは――ゼンマイがぷつんと切れたり、それを束ねていた火花が消えた瞬間に、生気が飛び散ってしまうなどということは。間違いなくこの心には、消滅することのない何かがあるはずです――そして人生が夢に過ぎないはずはないのです。

　時折、もう一度オールを手にして、海が凪いでいる時に海面のすぐ下に浮かぶたくさんの幼い(6)ヒトデの邪魔をして楽しみました。それまでこんなヒトデを見たことはありませんでした。海岸で見かけたもののような固い殻がありません。それは白い縁を持つ、とろりとした水のようでした。そして途方もない数のひげ根、つまり白いひもがついていて、その上の真ん中に違う形をした四つの紫の円がありました。触れると、白く濁った物質が最初は片側に、そして次は反対側にとても優雅に回ったり閉じたりしました。でもボートから水を掻い出すひしゃくでその一つをすくってみると、それは色のないただのゼリーのようでした。

スウェーデンで港に入った時にたくさん船について来たアザラシの姿はまったく見かけませんでした。海で戯れるのは好きですが、アザラシの浮かれ騒ぎに加わりたいとは思わなかったはずだからでしょうか。

自然界の無生物や獣についての話はもうたくさんだと、いかにも霊長類らしい言葉でおっしゃるのではないでしょうか。住民について何か聞かせてほしいと。

仕事の交渉相手の紳士はテンスベルの行政長官で、分かりやすい英語を話します。そしてものの分かった人ですので、頻繁に話をする機会があったらかなりの情報を彼から引き出すことができたはずです。しかし残念ながら、彼はおびただしい数の仕事で忙しく、それはかないませんでした。町の住民は、感想を知り得た限りでは、長官の職務を果たす様子に極めて満足しています。彼は相当の情報と良識の持ち主で、それが人々の尊敬の念を引き出す一方で、陽気と言ってもよいほどの朗らかさで争いをおさめ、周囲の人を上機嫌にします。——ある女性が私に語ってくれました。「私は馬を失ったのですが、それからずっと、粉ひき場に使いをやりたい時や外出したい時は、長官が馬を貸してくれます。——借りに行かないと叱られるのです。」

当地に滞在中、ある罪人が三度目の罪を犯して焼印を押されました。しかし彼は罰を軽減されて、判事は世界で最も善良な人の一人だと断言しました。

私はこの罪人に、懲役に持参するようにとわずかなお金を何度か送りました。それは彼が予想もしなかったことで、彼はとても私に会いたがりました。彼の願いを知って、私はリスボン(7)にいた時に聞いたある話を思い出しました。

ある罪人が数年間投獄され、その間ランプは灯されていたのですが、ついに極刑が宣告されました。執行に際しての願いとして彼はなおも、街に明かりが灯っているのを見たいと、ただ一晩の猶予を望んだのです。

長官のお宅で他の客ともども食事を終えると、長官の家族と共に、当地随一の豪商の邸宅の一軒に招待されて一日を過ごすことになりました。——デンマーク語(8)は話せませんでしたが、理解はかなりできるつもりでした。そう、言葉を交わすことはできなくても、ノルウェー人の性格についてはたいへん公正に考えをまとめることができたと思います。

何人かの人に会うだろうとは思っていましたが、上品な身なりの人ばかりの部屋に案内されて少々気後れしました。周囲に目を走らせると、とても可愛いらしい顔のいくつかに目が釘づけになりました。バラ色の頬、きらきらした目、そして明るい茶色、つまり金色の髪。こんなに多くの黄みがかった髪を見るのは初めてです。そしてその髪は、透き通るような肌によく映えていました。

この女性たちは怠惰と活気が入り交じっているようです。彼女たちはめったに外を歩いたりしません。私が楽しみのために散歩すると言うと驚いていました。でもことの外、ダンスが好きです。飾り気のない態度で上品を気取らなければ、人を喜ばせたいという特別な思いが強い時には――まさに今がそうなのですが、純粋さがしとやかなふるまいを生むことがよくあります。頼る人もいないのはさぞかしたいへんでしょうと、彼女たちは私のことをたいそう気にかけてくれました。私の周りに集まって――歌を歌ってくれました――中でも美しい女性の一人と目が合い、ずいぶんと心を込めて握手をすると、本当にやさしく頬にキスをしてくれました。

とても心のこもった晩餐では、食卓についている時間が少々長過ぎましたが、何曲か歌が披露されました。その中には愛国的なフランスの歌の翻訳もいくつかありました。夜も更けて興が乗って来ると、身振り会話らしきものが続きました。彼らの心はまったく文明の波に洗われていないので、言葉が通じないために失うものもなく、おそらく多くを理解できたと思います。たぶん空想が、彼らの気持ちを汲むように絵の隙間を埋めてくれるのでしょう。いずれにせよ、共感を覚えました。そして翌日、彼らが私を見ていて楽しかったし、たいそう気立てのよい人に思えたと話していたと聞き、たいへんうれしくなりました。

男性の多くは船長でした。何人かはかなり上手な英語を話しましたが、ものを見る目が非常に狭い範囲に限られた現実家でしかありませんでした。タバコの煙に邪魔をされない時には話をしたのですが、彼らからこの国に関する情報を得るのは困難でした。

他のいくつかの宴にも出てほしいと招待されましたが、出される食べ物の量と、それを食べ尽くすのにかかる時間の長さにはいつも不平をこぼさずにはいられませんでした。むさぼると言ってしまうと語弊がありますが。すべては丁重に優雅に進むのです。召使いは、女主人が肉を切り分けるのと同様ゆっくりと給仕をします。

当地の若い女性は、スウェーデン同様、一般に歯が悪いのですが、それも同じ理由からだと思います。彼女たちは美しい装いは好きなのですが、身体にも必要な注意を払って美しさが花より短命にならないようにはしません。また、美貌が衰えたあとに、情操とたしなみがもたらす趣のある顔つきにもほとんどなりません。

当地でも召使いは同じような粗末な食事を与えられています。しかし雇い主が彼らに手を上げるようなことがあれば必ず罰せられます。女性の雇い主も、と書き加えればよかったかもしれません。長官のところにそのような苦情が持ち込まれることがあったため、そういう事実を知りました。

労賃は低く、これは特に不当な扱いです。衣料費が食費よりはるかに高いからです。滞在した宿屋の女主人のもとで乳母をしている若い女性は、一年に一二ドルしかもらっていないのに、自分の子供の保育に一〇ドル払っています。(9) 父親は出費を免れるために逃げてしまいました。一人残されたこの女性のたいへん痛ましい境遇には、どこか同情を覚えます。そして、何よりもうれしい幸福への道しるべの頼りなさをつくづく考えました。実に痛ましい気持ちになり、この世は、悲惨なできごとの考えられるすべての組み合わせを示すために創られたのではないかと自問したくなりました。悲痛な思いに苦しみ、こんな心の問いを発しながら、この哀れな若い女性の口ずさむ歌に耳を傾けました。あなたが見捨てられるのは早過ぎる、そう思いました。足早に宿を出て、一人孤独に夕方の散歩をしました。——そしてまた宿に戻り、どんなことでも書き送りましょう。愛が冷めたと知った傷心と、見捨てられた心の孤独な悲しみ以外のことでしたら。

父親が確かめられれば、父親と母親両方の費用で私生児を扶養する義務があります。しかし、もし父親が町を離れたり海に出たりしていなくなると、母親がその子を養わなければなりません。しかし、この種のできごとは彼女たちの結婚の妨げにはなりません。ですから、一人あるいは何人かの子供を連れ子にすることも珍しくはなく、その子たちは結婚で生まれた子供と共にとても仲よく育てられます。

彼らの言語で元来どんな本が書かれたのかを知るのは少したいへんでした。しかし、デンマーク文学の状況に関する確かな情報を得るには、コペンハーゲンに着くまで待たなければなりません。

この言語の音は柔らかく、単語の大部分が母音で終わります。また通訳してもらった言い回しのいくつかはすぐに理解でき、うれしくなって興味を抱きました。田舎では農民は「あんた」を使います。市場で人と会って、都会で用いられる尊称の複数形を習得することがないのです。大きな町に市場が設置されていないのはたいへん不便に思えます。農民は何か売りたいものがあると、それを隣接する町へ持ち込んで家から家を回ります。驚いたことに、住民たちはこのやり方が双方にとっていかに不便であるかを感じていませんし、それを改めようともしないのです。彼らは実際それに気づいてはいます。私がその話題を切り出すと、しばしば日用品に事欠いたり、肉屋がなかったり、欲しくないものを買うはめになることがよくあると認めるのです。でもそれが慣習なのです。そして長年の慣習を改めるのには、それを維持する以上の力を必要とします。女性が子供を暖かく着込ませ過ぎて、健康を損なっていると説いた時も似たような反応でした。私の論理をかわす最適の方法は、他の人がするように自分たちもしなければならないという理屈でした。つまり、何か変更を説得しようとすると、この人たちは「街の噂になる」と言って押しとどめるのです。分別があり資産家で尊敬を集めている人が、当地では助けになるかもしれません。子供たちに目を向け、その病気に適切に対処し、またよりあっさりした味つけの食事をするように住民に勧めてくれるでしょう。ある伯爵夫人などはその一人です。

これらの偏見について考えていて、身体のためになる施設を、魂の救済のための天への奉仕という名目で設立した立法者のことを思い出しました。それを聖なる欺瞞と呼ぶのは実に当を得ているでしょう。二人のペルー人が、自分たちは太陽から来たと断言したことを賞賛したい気持ちです。[10] そのやり方は彼らが未開の国の教化を意図したことを示しています。その国民は、畏敬の念を抱かない限り、彼らに従ったり関心を持つことすらしないのです。

「惰眠」をむさぼる理性の克服についてはこれくらいにします。しかし、ひとたび理性が働き始めれば、かつては神聖なものとされた寓話は嘲笑されるかもしれません。寓話は人類に有用であった頃は確かに神聖だったのです。――プロメテウスは一人で火を盗み、最初の人間に生命を与えました。[11] 彼の子孫は種の保存のために、超自然的な助けは必要としません。もっとも一般に愛は炎と呼ばれてはいますが。もはや、人間は天の啓示に導かれて、神の特別な恩寵を求める義務を説き聞かせるのだと考える必要はないでしょう。自分たちが実に気高いことに仕えていてこの上なく幸福であるということを、人間は理性によって確信しているのです。

二、三日したら、ノルウェー西部へ向かって発つつもりです。それから陸路でイェーテボリに戻ります。この地を去ることを考えると寂しさを禁じ得ません。住民よりは土地のことを言っているのです。もちろん、彼らの純朴な思いやりのやさしさには愛着を感じますが、それが引き起こす寂しさは、スウェーデンへ向けてハルを出帆した時に感じたものとはだいぶ違います。なごやかな家族の家庭のもと、幸福と朗らかなにぎやかさで、私[12]とフランシスはたいそう温かくもてなされましたが、それだけで十分にこの上なく懐かしい思い出になるはずです。素晴らしい教養に接して共感に敬意が加わり、機知が理性の香辛料となるような懇親の夕べがあったなら、さらに楽しい思い出となったでしょうけれど。

さようなら！――馬が一五分ほど前から待っていると、今知らされました。今回は思い切って一人で馬で出かけます。尖塔が道しるべとして役立ちます。一、二度一人で歩いていて迷ってしまい、道を尋ねることもできないことがありました。そのために、垣根と堀越しに見える尖塔や風車へ向かって進まなければなりませんでした。

かしこ

第九の手紙

すでにお伝えしましたが、ノルウェーで広大と言える地所を所有している貴族は二人だけです。そのうちの一人はテンスベルの近くに邸宅がありますが、そこには何年も住んでいません。宮廷あるいは大使館にいるのです。彼は今はロンドン駐在のデンマーク大使です。邸宅は心地よい場所にあり、美しい敷地に囲まれています。しかし、放置された様子から、誰も住んでいないことがすぐ分かります。

私の目には、広大な邸宅は、ある愚かな悲しみにいつも支配されているように映ります。召使いだけが住んで、家具に覆いをかけたり窓を開けたりしているのです。キャピュレット家[1]の納骨堂に入るような気分で邸宅に入ると、一門の肖像画があり、こちらでは甲冑姿でしかめ面をしていたり、あるいはアーミンの毛皮をまとってほほえんでいたりします。白カビが威厳のある衣裳を敬うこともなくはびこり、美人の頬には傍若無人に虫が食っています。

建築様式や家具の形には見るべきものがないので、足を止めることもなく古い松の木が堂々と枝を伸ばして並ぶ道に出ました。時を経て、松は常緑の葉に少し灰色を帯び、萌える新芽にすっかりくるまれて、森の父祖のように立っていました。ノルウェーで、この森にあるほど多くの樫が集まっているのを見たことはありませんでした。ここにあるほど大きなポプラがそよ風に揺れて、風を耳に聞こえるように――いえ、音楽として響かせていることもありませんでした。旋律が私の周りで羽ばたいているようでした。気持ちを生き返らせてくれた並木道のみずみずしい香りは、邸宅の部屋の湿った冷たさとはあまりにかけ離れています。同じように、埃っぽい掛け布と虫の食った絵を見て抱いた暗い思いは、木陰の心なごむ哀愁に包まれて見た幻想とは、似ても似つかぬものでした。冬になれば、この堂々たる松は雪の上に高くそびえ、どこまでも人の目を癒し、白い荒野に命を与えてくれるに違いありません。

松と樅の木立ちが次々と現れるので、日中は目が疲れることもあります。でも夕方は、これほど絵のような、あるいはもっと適切に言えば、詩的な印象を生み出すのにうってつけのものはありません。その中を通り抜けると、私はある神秘的な畏敬の念に打たれ、その厳かな木陰にいわば敬意を表するのでした。妖精ではなく、哲学者が――始終瞑想に耽りながらそこに住んでいるようでした。木々がいくらかでも自分の存在を意識していないとは――自分が発散する慰みを静かに楽しんでいないとは、ほとんど思えませんでした。

感情が観念を生み出し、その観念によって、数々の詩的虚構がどのようにして生まれて来るのかを思い起こす。こんなことが数え切れないほどよくあります。孤独の中では、想像力はその着想を自由奔放に具体化し、歩みを止めては恍惚として、自らの手になる創造物を崇めます。これが至福の瞬間です。そして記憶は楽しげにそれらを呼び起こします。

さて、お伝えするつもりだった現実の問題、伯爵に関することを忘れてしまうところでした。伯爵は地所の聖職禄の推挙権を持ち、判事やさまざまな役人を任命しますが、国王がそれらの役人を承認する特権を保有しています。ただ、伯爵は任命はしますが解任はできません。また、彼らの小作人は生涯農地を借用し、伯爵自らの保有地区での労役の要請には必ず応じなければなりません。しかし、彼らには労働に対して賃金が支払われます。一言で言えば、これほど無害な貴族はめったに聞いたことがありません。

伯爵の地所周辺の庭園が、これまで見たこともないほど見事に耕作されているのを見て、封建的土地保有権から自ずと生じる利点について考えてみました。伯爵の小作人は伯爵の土地や庭園で、一定の賃金で働く義務があります。そして彼らが庭師の頭領から知らず知らずのうちに受ける教えは彼らを有能にし、さらに通常のなりゆきとして、彼らは自分たちの狭い農地でのすぐれた農夫や庭師になります。このようにして偉大な人間は、船乗りのごく限られた風俗習慣の観察では飽きたらずに、現段階の社会を一人で旅をして、自国に改善策を持ち帰り、独自の快適な生活を目指すのです。それは次第に人々の間に広まり、いつしか彼らも刺激を受けて自分の頭で考えるようになります。

司教はたいして収入がありません。司祭は王に任命されてから司教の許で叙任されます。牧師館にはたいてい小さな農園がついています。そして住民は牧師を助けるため、教会費に加えて年に三度、任意の寄付をします。ルター派の教義が入って来て教会の土地は没収されました。おそらく、土地を手に入れたいという願望が宗教改革の真の動機だったのです。十分の一税は物納を求められることは決してなく、三つに分けられます。一つ目は国王に、次に教会付き牧師に、三つ目は牧師館の破損の修繕に充てられます。それらは大した額にはなりません。また種々の役人に与えられる俸給はかなり少額で、とても自活できるだけの収入とは言えません。税関吏の俸給は生活必需品を調達するのにも不十分です――ですから、窮状のため不正に手を染めるのももっともなことです。あらゆる職業で、役得が不可能なものとなり、勤労に報いる十分な給与が与えられ、しかも受け取る人間が怠惰でいられるほど多額ではないようにならない限り、立派な公衆倫理は期待できません。(2)この利益と労働の間の調和の欠如こそが人を堕落させ、保護者と隷属平民という呼称を生み出しているのです。また、あの有害かつ悪徳で名高い仲間意識を生み出しているのです。

農民は温かい心と同時に自尊心を持ち合わせています。一度、雨宿りをお願いした時にいただいたコーヒーにお金を払おうとしたら、わずかなコーヒーがお金を払うほどのことなのかと、やや腹立たしそうに聞かれました。彼らはタバコを吸い酒を少したしなみますが、かつてほどではありません。客をもてなして酒に酔い面目を失うことはよくありますが、やがて当地でも他のあらゆる土地同様、礼儀と洗練された作法に取って代わられるでしょう。しかしその変化は突然には起きないはずです。

あらゆる階層の人々が休むことなく教会に出かけます。彼らはとてもダンスが好きです。ノルウェーでは日曜の晩を、カトリックの国々同様、心の堕落なしに精神を昂揚させる運動をして過ごします。労働の休息は陽気であるべきです。フランスである日曜日、つまりデカディ(3)に周りの人の顔に感じた喜びは本当に敬虔なもので、安息日が厳守されているロンドンの通りが醸し出す愚かな静けさにまさるものでした。英国の田舎では、教区委員が礼拝中に抜け出して、ローンボウリング(4)や九柱戯で遊んでいた不運な輩を捕まえられないかと見回っていたのを思い出します。しかしこれほど害のない遊びがあるでしょうか。ボクシングの試合は含めませんが、娯楽の素晴らしさが日曜日に奨励されるなら、それは英国人にとって大いに益のあることだとすら思います。メソジスト派の発展と、そして支持が増えているらしいあの熱狂的精神の拡大とを押しとどめてくれるかもしれません。スウェーデンへの途上ヨークシャーを訪れた際、陰気で偏狭な考え方が、かつてそこに住んでいた時以来そんなにも進行したのを知って驚きました。一六、七年の時間が、ある地域の道徳をそれほど悪く変えるかもしれないとは想像だにしませんでした。そうです、道徳です。形式の遵守、そして実践の回避は本質的には重要ではないのに、義務に対する日頃の心構えの代わりになってしまうのです。義務は、法と預言者の教えのすべてと同じほど大事ですが、あまりに当然のことであるために誇らしげになど行われないものです。その上、これら多くのよく言えば欺かれた人々は、実は理性を失い悲惨な状態になります。天罰の恐怖は、その文字通りの状況に彼らを陥れます。そしてさらに、救済を施してもらおうとして説教師を追いかけることで、この世の幸福をなおざりにし家族の利益と安楽を無視することになります。その結果、敬虔であるという世評を得るにつれて彼らは怠惰になるのです。

英国、特に先に言及した地域では、貴族も熱狂的信仰も同等に受け入れられているようです。ノルウェーではどちらもほとんど目にしません。人々は公の礼拝に規則的に出席しますが、宗教は仕事の妨げにはなっていません。

農民は木を伐採しながら土地を開墾します。したがって毎年、地方は住民を支える力を増していきます。聞いた話では、半世紀前はオランダ人だけが金を払って木を切っていて、農民は苦労せずに森を取り除くことができて喜んでいたそうです。今では、農民は森の価値を正しく把握しています。それどころか、薪ですらとてもたくさんありそうなのに、たいへん高価で驚きました。彼らの森林の破壊や段階的な減少によって、おそらく気候[5]はよくなるでしょう。そして彼らの生活様式は、産業が創意工夫を求めるのと同じ比率で当然進歩していくでしょう。人間が長い間、獣として創られたものよりほんの少しだけ上の存在であるのはたいへん幸運なことです。そうでなかったら、地球の大部分は住めるところにはなり得なかったでしょう。なぜなら、日々の糧を求めるだけの人間のたゆみない労働こそが、存在に潤いを与えるものを何であれ創り出すのです。そこから、人間をその原初の状態からはるか上にまで高める、芸術や科学を育む余暇が生み出されます。まったくノルウェーに来るまでは、人間の努力によって得られる利点について、これほど深く考えたことはありませんでした。世界は完全なものになるために人間の手を必要としているのです。そしてこの課題は、当然のことながら人間の行使する能力を発展させるので、ルソーの愚昧なる黄金時代(6)に人間が留まるべきだったという考えは、自然の理に反しています。そして人類の幸福について考えてみると、それはどこに、本当にどこにあるのでしょうか。それは自覚もされない無知と共に、それとも鍛え上げられた精神と共に居を定めているのでしょうか。それは思考を持たない獣の心の所産なのでしょうか。それとも、予期される歓喜の周りを羽ばたき続ける空想の妖精なのでしょうか。

地球の増え続ける住民は、必然的に地球の進歩を目指さなければなりません。存在の手段は創意工夫によって増大するのですから。

アメリカの地勢はノルウェーの荒野に似ていると思いますが、おそらくあなたもアメリカで同じような考えを抱かれたのではないでしょうか。毎日ロマンチックな風景を堪能していますし、この上なく清らかな空気に元気づけられています。周囲のどこにも見られる純朴なふるまいも興味深いものです。それでも、何のとりえもない純朴さほど、気持ちを疲れさせるものはありません。ですから、たとえ思索する精神にとっては不完全で不満足ではあろうとも、知識において人間が相当に進歩している国から離れては、私はあまり快適に暮らしていけないのはほぼ間違いありません。今でさえ、私はあなたが英国とフランスで何をしているのかを知らせてほしいと、切望し始めています。私はこの不毛の地から世界の洗練された地域へと思いを馳せ、世界の悪徳と愚行に思い至って、森の中に身を潜めます。しかし、私の本性を高めてくれる知恵と美徳を見失わないように、再び出てこなければならないと思うのです。

自分を知るのには何と長い時間がかかるのでしょう。けれどもほとんどの人は、自ら認めるよりもこのことをよく知っていながら、口にすら出さないのです。この孤独の中、私自身の心の物語の新たな一ページをめくったことを喜ぶべきかどうか、即答はできません。でも、人間とのさらなる出会いによって、あなたの判断力に対する敬意と、あなたの人格に対する評価は増すばかりであると、あえて申し上げましょう。

ごきげんよう！

第一〇の手紙

あなた、私はもう一度移動しました。昨日テンスベルを去ったのです。しかし、スウェーデンへの帰途にまた立ち寄るつもりです。

ラルヴィクへの道路はとても素晴らしく、田園地帯はノルウェーで最も見事に耕作されています。これまでブナの木に見とれたことは一度もありませんでしたし、はびこったブナの枝を当地で目にした時はなおさらがっかりしました。ひょろひょろと長い枝を見ると、(1)美しい線には曲線部が必要だと認めてしまいそうになりました。でも、近くの大きな枝を広げる直立した堂々たる松が美しかったお陰で、そんな偏狭な美の法則に囚われないですみました。

　こういったことに関しては、私の理性そのものが、感情で判断することを容認するよう迫るのです。何であれ、情緒を刺激するものには魅力を感じます。もっとも、心の修練が、想像力を刺激すると言うよりほぼ創り出して、審美眼や限りなく多彩な感動と情緒を生み、美と崇高が引き起こす至上の歓喜を分かち合うことも確かです。感動や情緒の限界は知りませんので、しばしば誤用される無限という言葉を持ち出しても、この場合的外れではないでしょう。

しかし、また寄り道をしてしまいました。高くそびえるブナの木立が生み出す趣を、あなたにお伝えするつもりだったのです。風の当たる軽やかな葉に幾分かの陽光が差し込んで透明感を与えながら、以前は気づきもしなかった新鮮で優美な様子を見せる中、イタリアの風景の描写を思い出しました。でも、このはかない優美さは心が魅了されたためのように思え、私はそっと息を潜めました。現実でありながら、まるで空想の産物のように見えるものを壊さないように。(2)ドライデンの花と葉の寓話もかなわないほどの詩的幻想の眺めでした。

しかし、空想と私たちの本性を気高くしてくれるあらゆる情操については、またの機会にしましょう。ラルヴィクに到着して、さまざまな種類の法律家たちとの交渉の真っ只中に身を投じました。腹黒さで歪んだ顔つきを見、法に疎い人を当惑させ続ける詭弁の説明を聞くと、めまいがして気が滅入りました。人々が啓発されるにつれ、こうした他人を食い物にする輩はおそらく減っていくでしょう。現代の社会生活において、一般大衆は常に自分の利益には狡猾なほど注意を払います。しかし彼らが能力を発揮するのはわずかな対象に限られ、その範囲がたいへん狭いので、公益(3)の中に自己の利益を見いだせないのです。法律を扱う職業は一つの集団を、他よりも抜け目なく利己的にします。当地で、正と悪を混同して道徳を害しているのは、不正によって才覚を研ぎすましたこういう人々です。

ベアンストーフ伯爵は、私の得た情報の限りでは、まさしく国民の利益に意を用いているように見え、この点を心得ています。彼は、最近各地方の行政長官に、法律家ではない学識に秀でた住民を、地域の大きさに応じて四人から六人指名するようにと通達しました。その中から市民は二人を選び、彼らは仲裁人と呼ばれることになります。彼らの役目は訴訟のための訴訟を防ぐように努め、争いを和解させることです。そしてどんな訴訟も、当事者が毎週の仲裁人会議で争点を検討した後でなければ開始されません。もし結果として和解となれば、公式に記録され、双方とも撤回することは許されません。

こうした手段により、法に疎い人が、もめ事の扇動者と言う方がふさわしい人に助言を求めるのを防ぐことができるでしょう。彼らは長い間、端的に俗な言い方をするなら、人々に争いを起こさせて、その奪い合いの中でつかみ取った戦利品で暮らして来ました。この規則が彼らの数を減らし、有害な活動を制限してほしいと望むのはもっともでしょう。しかし陪審員裁判制度[4]が確立するまでは、ノルウェーでは正義はほとんど期待できません。判事は買収はされませんが、しばしば臆病で、向こう見ずな悪人を怒らせると、彼らが自分の周りに面倒を引き起こしはしないかと恐れています。非難を恐れて道徳心の持つ力のすべてを消耗し、そして慎重であろうとして公正さを見失ってしまうのです。その上、彼らの良心や聡明さには何もゆだねられていません。

彼らは、内心では虚偽だと思っていても、証拠に支配される外ないのです。

ラルヴィクには精錬度の低い製品を生産する重要な製鉄所があり、そこに設置された数台の水車を回すのに必要な水を、町の近くの湖から引いています。

この施設はラルヴィク伯爵の所有です。彼に匹敵するほどの資産や影響力なくしては、このような鉄工所を発足させることはできなかったでしょう。このような事業を支えるには、個々人の資力ではまだ足りません。それにもかかわらず、町の住民たちは彼の地所の広さを、それが通商を妨げているという理由で悪く言います。小農場の借地人は材木を船積みするために隣接の海港まで運ばざるを得ません。しかし伯爵は自分の材木の価値を高めようとして、彼らのように材木を少しずつ伐採するのを許可しようとしません。そのせいで通商は別の水路で行われているのです。それに加えて、自然の条件も彼らには不利で、入り江がむき出しで安全ではありません。たいへんな強風の時に一隻の船が大通りに打ち上げられたことがあると聞いて、笑いをこらえるのに苦労しました。沿岸にこれほど多くの素晴らしい港があることを考えると、最も大きな町の一つが事情によって、発達はしながらも港が粗末なままであるのは残念なことです。

現伯爵の父親は伯爵家の遠い親類で、いつもデンマークに住んでいました。息子も父親の例に倣っています。彼らは以前からその地所を所有していたわけではありません。彼らの前任者が町の近くに住み、ある程度の浪費の慣習を持ち込みました。それはあらゆる点で住民に悪い影響を与えました。住民には、広まりつつあった贅沢をする余裕はなかったからです。

わずかながらも目にした当地の人々の作法は、テンスベルに比べるとあまり好ましくは思えませんでした。前もって注意されたところでは、西に行くほど商業が農業に取って代わり、それにつれて人々がますます狡猾で不正直になるとのことでした。町はむき出しの岩の上に造られていて、通りは狭い橋ですし、住民はすべて船員か商売を営む船主です。

今度の旅程でのラルヴィクの宿は、以前に泊まったところと同じではありませんでした。今回はよい宿です。人は礼儀正しいし、宿泊施設もなかなかのものです。スウェーデンだったら、よく整った部類に入るでしょう。しかし公平に評するなら、こちらではさらに法外な代金が請求されることをつけ加えなければなりません。テンスベルでの請求書もスウェーデンで払ったよりずっと高額で、食料品がとても安い土地に相応な額をずいぶん越えていました。実際、彼らは外国人を二度と会うことのないよそ者として扱い、存分にむしり取って構わないと考えているようです。そして、いわば孤立している西部沿岸の住民は、東部の住民をほとんどよそ者と見なしています。あの地域の町はそれぞれ一つの大きな家族のようで、他の町すべてを疑ってかかり、自分のことは棚に上げて誰にも騙されまいとします。そして、よかれあしかれ、正義などものともせずにお互いを支え合うのです。

この旅行ではたいへん運のよいことに、この国の一般の人より広い視野を持ち、英語をかなり話せる道連れがいました。

一頭立て二輪馬車であと一マイルと四分の一進むことができるが、その後はひどい道を一頭の馬で行くか、あるいはよく旅に用いられる船を選ぶしかないと言われました。

それで荷物は船で先に送り、道は岩と砂が多かったので、その後をゆっくりと追っていきました。それでも、いくつかのブナの木立を通り抜けると、明るい緑の葉がさわやかで、私を喜ばせてくれました。葉は優雅に重なり合って、陽光をほのかにさえぎる隠れ家を作っていました。

海に近づいて、小さな集落の気持ちよいたたずまいや、素晴らしい旅館があるの見て驚きました。そこに一泊したいのはやまやまでしたが、順風で天気のよい夕方だったので、風を、誰にも分からぬ明日の風をあてにするのは不安でした。それですぐさま、私たちは傾きかけた陽と共に(5)ヘルゲラークを発ったのです。

外洋に出たのですが、ストレムスタードからの航路よりも、さらに多くの岩や島の間を縫って航行しました。岩や島は、本当に絵のような取り合わせを何度も見せてくれました。何も生えていない高い尾根はほとんどありません。松や樅の種が風や波に吹かれて空中を漂っていったのです。木々は風雨をものともせずに立っていました。

そして、海に浮かぶ小さな船の中で、見知らぬ人に囲まれて座っていると、悲しみと不安が重くのしかかってきて――行く先々で私を打ちのめし――こんな感慨を覚えるのでした。

「一(6)陣の風が吹くたびにため息をついては震える
散り散りに吹きさらされた孤独な潅木の如く！」

ひときわ大きな岩の上には木立まであって、狐や野兎の隠れ家になっています。それらの動物はたぶん、冬の間に氷の上を渡っていって、氷が溶ける前に本土に帰ろうとは考えなかったのでしょう。

島のいくつかには水先案内人が住んでいます。ノルウェーの水先案内人たちは世界で最も優秀だと認められています。沿岸を熟知し、常に最初に信号や帆を発見しようと怠りありません。彼らは国王と担当役人に少額の税金を払って、たゆみない勤労の成果を享受しているのです。

島の一つはヴァージン・ランドと呼ばれ、平らで土も少しあり、長さは半ノルウェーマイルほどで、農場が三つあってかなり開墾されています。

むき出しの岩のいくつかには家屋が散在しているのが見え、漁師が住むあばら屋の類よりは上等でした。同船の客たちは、それらの家が実に住み心地のよい住居で、必要品ばかりでなく贅沢品と言ってよいようなものまであると断言するのでした。それを確かめるために岸に上がる時間はありませんでした。もっとも、身震いするような岩を岸と呼んでも構わなければですが。

しかし、雨が降り始め夜の暗さも増して来て、水先案内人が言うには私たちの目的地、一ノルウェーマイル半先の東（7）リーセールまで船を進めるのは危険だろうとのことです。そこでその夜は小さな港に泊まることにしました。五、六軒ほどの家が、岩山の湾曲部の下に散在していました。ますます暗くなりましたが、水先案内人は実に巧みに岩礁を避けて進みました。

着いたのは一〇時頃でした。老女主人が急いで私に心地よいベッドを用意してくれました――ちょっと柔らか過ぎるかとも思えましたが、私は疲れていました。窓を開け、とても心地よいそよ風を入れてあたっていると、睡魔に襲われてこの上なく贅沢な眠りに落ちました。それは疲れを取ってくれただけではありません。洞窟に住む心温かな妖精が、確かに私の枕の周りを舞っていたのです。目覚めたとすれば、それは、妖精の間を吹き抜ける音楽のような風の囁きを聞くためか、朝の穏やかな息吹を感じるためでした。浅いまどろみが夢を生み出し、そこでは天国が目の前にありました。私のかわいい天使がまた顔を私の胸にうずめていました。胸に伝わる彼女の甘えるような鼓動が崖から聞こえ、彼女の小さな足跡が砂の上に見えました。新たに生まれた希望が、悲しみの雲の中に虹のように現れたようで、かすかではあっても、絶望を紛らすには十分でした。

さわやかながらも強いにわか雨が続いて足止めをされています。そして私はこうして一人ぼっちで手紙を綴っています――何か、心がはずむ以上の気分で、と言ってもうまく伝わりませんが。

まるで自分がヌートカ湾(8)、あるいはアメリカの北西海岸の島にでも滞在しているような気がします。岩をくぐり抜ける狭い水路を通って入港しましたが、その岩がこの宿からは、あなたが想像を巡らす以上にロマンチックに見えます。そして干すために戸口につるされているアザラシの皮が、なおのこと幻想をかきたてます。

ここはまさしく世界の果てです。でも、清潔で快適な住まいを見れば驚かれることでしょう。棚はしろめ製の器やウェッジウッドの白い陶器で輝いているばかりでなく、銀製の器には、優雅と言うよりはまさしく重厚なものもあります。リネン類は白くかつ上質です。女性は皆糸を紡ぎ、台所には織機があります。家具の配置にはある種の個人の好みが（この土地では人まねをしないのです）、そして人への思いやりにはやさしさが見られます――町で見られる気取った慇懃な作法に比べて何と素晴らしいことでしょう！　町では人は育ちのよいふりをして、果てしない虚礼に疲れ切っています。

女主人は未亡人で、娘は水先案内人と結婚して雌牛を三頭飼っています。約二英マイル離れたところに小さな一枚の畑を持ち、そこで冬用の干し草を作って船で家に運んでいます。彼らはここでごくわずかな生活費で暮らし、天候悪化などの理由で港に入る船から現金収入を得ています。あの家具を見ると、密輸も少ししているのかもしれません。今になると、昨夜は大げさだと思った、贅沢な他の家々についての話も信じられます。

同行の一人とノルウェーの法律と規則について話をしています。彼は大いなる常識、そして心――まさしく温かい心の持ち主です。心に情操が伴わない場合についてはこれまでも述べて来ましたが、それらは別々のものです。前者は公正な感情、真の共感に基づいています。この特質には情熱よりやさしさが多く備わっています。後者はより高尚な源を持っており、それを想像力、天分など何と呼ぼうと、それらとはだいぶ違うものです。一〇語ほど知っているデンマーク語の一つで言うと、この質素で尊敬すべき人々(folk)と笑って過ごし、彼らに感じ取ってもらえる限り、私の心を共感を込めて通わせて来ました。では、さようなら！　岩を縫って旅を進めなければなりません。雨は上がっています。道中楽しいことがありますように――明日は憂鬱になるかもしれませんから。今私の気力のすべては自然界の旋律に寄り添っています。ああ！　幸せでいられる限り、そうありますように。そう思うと涙が出てきます。思案から逃れ、堅固な想像力の中に悲しみから身を守る場を見つけなければなりません――それは感性ある心にとっての唯一の慰めです。至福の幻よ！　美徳の理想の姿よ！　もう一度あなたの魔法の円の中に私を取り込み、失望を記憶からきれいに拭い去って。失望のために共感は痛みを伴い、その体験は消えていくどころか募っていきます。感情のおもむくままの行動を理性が容認してしまうことによって。

あらためてごきげんよう！

第一一の手紙

前便を書き終えてすぐ、そこで触れたあの小さな避難港、ポルテールを発ちました。海は荒れていて、水先案内人がもやの深い夜にあえて先に行かなかったのは正しかったのだと納得しました。ヘルゲラークからの船には四ドル払う約束でした。こちらから金額を言います。外国人には二倍も要求したりするからです。ストレムスタードで船を雇った時には[1]一五ドルも払わなければなりませんでした。出発する準備ができると、船頭は一ドル返すと申し出て、私たちが地元の船の一隻で行くように手配をしました。現地在住の水先案内人の方がよく沿岸を知っているからです。彼は一ドル半要求しただけで、妥当な値段でした。礼儀正しくなかなか聡明な男で、アメリカ独立戦争の数年間、アメリカで軍務に就いていたそうです。

私たちを導くのに経験豊かな船乗りが必要だということが、すぐに理解できました。岩を避けるために、風上に向けた船首を絶えず切り返さなければならなかったからです。岩は水面に達するか達しないかで、その上で砕ける波でしか見つけられないのです。

未開の沿岸に沿って航行しながらそれを眺めていると、絶えず思索の題材が湧き出て来ました。世界の未来の進歩を予測しながら、大地が与えるすべてをそこから獲得するには、人間がこれからどれだけのことをなすべきかを推測してみました。一〇〇万年や二〇〇〇万年という先までも推し量ってみたのですが、その頃には、大地はおそらくすっかり開墾されて人で満たされ、あらゆる場所に住まざるを得なくなっているでしょう。そう、この荒涼たる岸辺にも。想像はなおもふくらみ、大地がもはや人間を支えきれなくなった時代の人間の状態を思い描いてみました。人間は世界的飢饉からどこへ逃げることになるのでしょうか。笑わないでください、私は本当にまだ生まれていない同胞のために(2)心を痛めたのです。心に浮かんだその状況が私にまとわりつき、世界が巨大な牢獄に見えました。そして、小さな牢獄に私はすぐに入ることになったのです——牢獄以外にリーセールにふさわしい言葉は思いつきません。岩だらけの海岸を一度でも見たことがなければ、この地がどんなところであるのかを思い描くことは難しいでしょう。

島の間に入り込んでかなりの時間が過ぎてから、とても高い岩——見上げるとさらに高くそびえている岩の下に二〇〇軒ほどの家が軒を接しているのが見えて来ました。牢獄《バスチーユ》ではありません！　ここに生まれること、それは生まれながらに(3)牢獄につながれることです——知識を広げたり心を豊かにするすべてのものから閉め出されて。重なり合って建っているので、海が眺められる住居は四分の一もありません。家々を結ぶ通路は板でできていて、ほとんどの家は、梯子のように踏み段を使ってよじ登らなければ入れません。

岩の間を横切る唯一の道路が一つの集落に達していますが、土地は非常にやせています。近くの集落のわずかな土は前の居住者が運んで来たものだと言えば、お察しいただけるでしょう。馬もほとんど通れない細い道が、さらに西の先のアーレンダールまで続いています。

少し歩いてみたいとお願いして、岩の周囲に造られているほぼ二〇〇段もある踏み段を登り、およそ一〇〇ヤードも上がったり下がったりして歩いていきました。すると海が見えて来たのでそちらへ向かって、踏み段のお陰で下り勾配を気にせずに、急いで降りていきました。大海原とこの巨大な岩の砦が、ぐるりと私を囲んでいました。閉じ込められたような気になり、ひときわ高くそびえる崖の上に飛んでいける翼がほしいと思いました。崖の斜面は滑りやすく、どんな勇敢な人も足を踏み入れないでしょう。でもそこから見えるものは何なのでしょう――ただ果てしなく荒涼たる海――自然のやさしさなどちらりとも見えず――わずかにでも爽快な緑が見えて、心痛む光景を和らげたり、内省の対象をさまざまに変えることもありません。

大気は何にも増して澄みきっていたのですが、息苦しさを覚えました。一人であてどなく歩いていると、孤独が好ましく思えました。頭の中は、この新しい景色を見てめまぐるしく湧き出す着想でいっぱいです。しかし、無知なる孤独の中で、生を受け入れてずっとここに居続ければ、まだほんのわずかしか見ていない世界から引き離されてしまうと思うと身震いがしました。住民の気質はその住まいほどには絵に描いたように荒れ果てていないにせよ、同じほど未開の状態ではあるのですから。

商業以外には雇用がなく、それも密輸取引が利益の根幹なので、最低限の誠実な感情もすぐに鈍くなってしまいます。私が一事を万事として話しているとお思いになるかもしれません。そして、自然や周囲の状況の不利にもかかわらず、なおいくつかの立派な例外、賞賛に値するものがあるのではとお考えになるかもしれません。欺瞞はたやすく伝染する精神病で、[4]心の思いやりの泉を涸らすのですから。しかしそれどころか、このあたり、すなわち岩で囲まれたこの地域では、心温まるものは何も見ることができません。そして今思い起こしてみると、人生で出会った最もやさしくて思いやりのある人々は、のどかな田園風景が呼び起こす情操に、最大の感化を受けていたように思えます。実際、閉じこもってじっとしているこの人たちは、どうすれば人間らしくなるのでしょうか。窓さえめったに開けずにタバコを吸って、ブランデーを飲んで、そして有利に取引を進めるのです。この愛煙家たちのせいで、私はほとんど窒息しそうになりました。朝吸い始めてから寝るまで、パイプを持たずにいることはめったにありません。夕方近くの部屋と男性ほどうんざりするものはありません。息、歯、衣服、そして家具、全部が台なしです。女性があまり繊細でないのでうまくいっています。そうでなければ、彼女たちは彼らが自分の夫だからという理由で愛しているだけなのでしょう。おそらくあなたなら、これは世界のそんな片隅に限った話ではないはず、と付け加えるのではないかしら。あなただから言いますが、私も同じ意見です。手の込んだ当てつけ(5)とはおっしゃらないように。さほど切実ではありませんから。

　手紙を書くつもりがなかったなら、ここに閉じ込められているのは、たとえ三日か四日でもうんざりしたでしょう。本はないし、突き出た岩が上を覆っている屋根瓦を見ながら小さな部屋で行ったり来たりしていると、すぐに飽き飽きしてきます。一〇〇ヤードの散歩をするために、日に何回も二〇〇段も登る気にはなれません。しかも岩には太陽の熱がこもっていて、我慢できないほど熱いのです。それでも私はとても元気です。浅ましい金銭欲で堕落している人々の性格は油断できませんが、それでも彼らを見ていると他と比べずにはおられず、頭を働かせるので心の平静が保たれます。

　どこであっても富は尊敬を集め過ぎる嫌いがありますが、当地ではほとんど独占的です。富が唯一の追求すべき対象なのです。――藪(6)や茨を越えてではなく、岩や波を越えてです――でも、もしこんな所に閉じ込められて暮らすとしたら、富など何の役に立つのだろうかと、時折自問しました。悩んでいる人たちを何人か救うことができるだけで、たぶんその人たちを怠け者にして、そして残りの人生は空しいものになるでしょう。

　この旅で、田舎町ほど不快で進歩の見られないものはないという私の考えは、新たに強まりました。自分の時間を都会と田舎とに分けたいものです。人里離れた家では耕したり植えたりの仕事をして、精神が孤独な瞑想によって力を得るでしょう。また大都市では思想の錆を擦り落とし、自然を静観して正確になった審美眼を磨くために過ごすのです。人生という流れを漂いながら、私たちはこのように願っています。しかるに、知識欲は、私たちの周到な計画よりも偶然によって満たされることが多いのです。不足を満たすための相応の尽力は、多少つらくとも、おそらく知識のために誰もが支払わねばならない代価です。勤め暮らしをしたことのない作家や芸術家で、高名になった人の何と少ないことでしょう。(7)

昨日は用務でいったん筆を擱き、ぜひにと誘われて英国副領事と食事を共にしました。邸宅が海に面していたので、十分に開放感を味わうことができました。食卓での手厚いもてなしには満足しましたが、お酒は少しふんだん過ぎるほど回ってきました。彼らの歓待の作法は、教養に欠ける人々のやり方に身を置いた際に何度も目にしたものです。その人たちは分別よりも多くの、つまり使い道を思いつくよりも多くのお金を持っているのです。女性は取り繕った感じはしませんでしたが、テンスベルではしばしば目を引いた生来のしとやかさには欠けていました。彼女たちの服装には際立った違いさえありました。こちらでは装身具をたくさん身につけて、ハルやポーツマスの船員相手の女性のような格好をしています。彼女たちは、富をこれ見よがしにしない趣味のよさを、まだ身につけていません。それでも、当地でも進歩の第一段階は見て取ること(8)

ができ、半世紀のうちにずいぶん明白な進展を示すのは間違いないでしょう。それはすぐにというわけにはいかず、大地の開墾と足並みを揃えて進むはずです。慣習が改善されれば、より繊細な道徳感覚がもたらされます。彼らは、最近出版されたたいへん有益なドイツの著作物の翻訳のいくつかを読み始めています。同席の一人は、対仏連合勢力を揶揄した歌を歌い、皆でポーランド(9)を分割した者たちの破滅を祈って乾杯しました。

日暮れは実に穏やかできれいでした。歩いて帰るのは無理だったので、舟を一艘頼みました。気ままに風を楽しむ唯一の手段なのです。

こうやって見ると、町の眺めは本当に見事でした。巨大な岩山が背後に立ち、広大な崖が両側に広がって、半円形をなしていました。岩のくぼみには松の木立があって、その中に尖塔が絵のように美しく立っています。

ここでは、教会墓地がほとんど唯一緑のある場所です。当地ではまさしく、友愛は墓に入ってからも続くわけで、芝の地面を授けることは恩恵を与えることなのです。私はむしろ、選択の余地があるのなら、岩の洞穴のどれかで眠りに就くことを選ぶでしょう。と言うのは、昨夜ごつごつした斜面に登って、これまで聞いたうちで最上のこだまを耳にして以来、岩との心の隔たりが縮まって来たのです。私たちはフレンチ・ホルンを持っていったのですが、消えゆくホルンの残響は魅力的な野趣にあふれ、すぐにシェイクスピアの魔法の島(10)に連れていかれたような気分になりました。目に見えない妖精たちがあちこち歩き回り、崖から崖へと飛びまわっているようで、魂を落ち着かせてくれました。

後ろ髪を引かれる思いで夕食に戻り、暑い部屋にこもって、まどろむ波の上に広がる巨大な岩の影を、ただ眺めていました。客間にざわめきが満ちて来る前、しばらく窓辺に立っていると、時折オールが水を打つ孤独な音がして、景色はいっそう厳かに感じられました。

当地に来る前は、単なる物体である岩が、こんなにも多くの組み合わせの妙を見せてくれるとはほとんど想像もできませんでした——常に雄大でしばしば荘厳なのです。

おやすみなさい！　神の恵みがあらんことを！

第一二の手紙

一昨日、東リーセールを発ちました。天気は快晴でしたが、あまりに穏やか過ぎて、たった二六マイル進むのに一四時間近くも海上で時間を取ってしまいました。

ヘルゲラークに上陸した時は解放されたような気分でした。岩に囲まれて逗留している間、どこに行っても閉塞感で滅入っていたので、陸地を約束の地のように歓呼して迎えました。そこは、鮮やかな光沢で輝く、対照的な場所——自由な住まいのように見えました。ここでは陸路で旅をすることができました——以前はそれがありがたいことだとは思ってもみなかったのです。私の目は海にきらめく日光で疲れ切っていたのですが、今は、満ち足りて緑の広がりの上に注がれています。これまでこのような緑の牧草地で目を癒されたことは一度もなかったはずではと思いました。

早起きをしてテンスベルへの旅を続けました。田舎はまだ楽しい表情を見せています——その魅力が心に響いて来ます。実に高くそびえるロマンチックな崖を後にして、理想郷のような景色の中を通って、ほとんど立ち止まりもせずテンスベルへと下っていきました。海だけでなく山、川、湖そして木立が、眺望に果てしなく変化を与えています。農夫たちはこの時期でも干草を家へ運んでいました。そして街道沿いの彼らの家は、たいへん住み心地がよさそうに見えました。平穏と豊かさが――富裕という意味ではありませんが、あたりを支配しているようでした――それでも、以前の宿に近づくにつれて悲しさが募って来ました。太陽がとても高いのを見て気が沈みました。真昼でした。テンスベルはどこか故郷のようでした――それなのに、目に喜びの光を少しもたたえずに入ることになりました――部屋の寂しさを恐れていたのです。そしてその夜は、ほとばしる涙を隠したい、あるいは枕に涙して、孤独にさすらうように運命づけられた世界に対して目を閉じてしまいたいと願いました。自然は私にとってこれほど多くの魅力を持ち――優雅な情操を呼び起こし育みながら、なぜ結局はそれを育む胸を傷つけるのでしょう。(1)道徳と信条に基づいた幸福への道しるべは、何と人を、おそらく何にも増して、欺き易いことか。それは、文明化が半ばの社会では、いつも不幸への入り口を開かないではいません。もろい心はいつも逃げ道を探すので、正直という意識からの満足感も、傷ついた心を落ち着かせはしないでしょう。また自分を褒めてみても、それは冷淡で孤独な感情であって、かなえられない愛情の代わりにしようとしても、あらゆる期待に暗い影を投げかけ、喜びを遠ざけてしまい、苦しみを追い払ってはくれません。理を尽くして考え抜いてみても、胸が張り裂けそうで宿にいる気にはなれず、疲れ切るまで歩きました。安らぎを求めて——あるいはむしろ忘却を求めて。

今日は終日仕事に追われました。明日はストレムスタードへの途中でモスに向かいます。イェーテボリでは私のファニーちゃんを抱きしめるつもりです。あの子はまた私のことが分からなくなっているかもしれません——もしそうならがっかりするでしょう。何て子供っぽい！　でもこれは自然な感情です。仕事に拘束されている間は、溺愛という[2]「押し寄せて来る妄想」に耽らないようにしていました。——けれども子牛が草地で跳ね回るのを見るたびに、私のかわいいおてんばさんを思い出しました。子牛だなんてとおっしゃるかもしれません。そう、子牛です。でも、白状しますが、素晴らしい[3]子牛です。

落ち着いて書くことができません——ふと気づくとあてどないことを考えています——わけも分からず、胸がどきどきします。愚かな！　もうあなたは寝ているはずの時刻なのに。

友情と[4]家庭の幸せは絶えず賞賛されますが、どちらも世の中にはほんのわずかしかありません。それは、たとえ自身の心の中であっても、愛情を目覚めさせておくには普通の人間が考える以上に精神の教化が必要だからです。その上、ありのままを見られるのを好む人はほとんどいません。また幾分かの無邪気さとあからさまな信頼は、無関心な傍観者から見れば弱点に近いものでしょうが、魅力なのです、いいえ、愛や友情の本質なのです。子供の時の、人をうっとりさせるかわいらしさのすべてが再び現れて来ます。ですから、単に私の審美眼を働かすための対象として、愛情を分かち合う人たちが一緒にいるのを見るのが好きです。彼らの顔だちの変化のすべてに感動を覚えます。そして私の想像力の上に消しがたい人物となって焼きつけられるのです。しかし、新しいものに対する強い興味が、世間では陳腐になり生気を失った共感を目覚めさせるためには不可欠です。よい育ちなどと誤って呼ばれる見せかけの行儀が、趣味が洗練されておらず、血気に頼って楽しみを求め続ける人を喜ばせるために必要なように。血気は想像力で維持されているわけではないので、心の情操よりもどうしても早く消耗してしまうのです。友情は概して始めのうちは誠実で、支えるものがあるうちは続きます。しかし通常は、新しい経験と虚栄心が混じり合ったものが支えですから、わずかな時間で冷めても無理はないのです。演劇に登場する気取り屋が、ある人物にへつらって「あなたを新しい知り合い(5)とほとんど同じように好きです」と言った時、彼は自分で分かっているよりも素晴らしい賛辞を呈したのです。どうして友情について話しているのでしょう。それを求めても、(6)野生の雁を追うようにこんなにも無益だったのに。——当地では鳥が雁と同じく渡り鳥であることを、お伝えしようと思っただけです。

第一三の手紙

昨日、八月二二日にテンスベルを発ちました。モスまでは一二、三英マイルしかなく田舎道ですが、ノルウェーでこれまで通って来たどの地域よりも穏やかな地勢です。美しいところも多々ありましたが、心を慰めるよりは満たしてくれるような雄大な眺めは、ほとんどありません。

あたりに降り注ぐ日の光を浴びつつ、牧草地に沿って滑るように進んで森を抜けました。景色を引き立たせたる城郭はありませんが、同じ広がりの中では、この馬車旅行でこれまで見たよりはるかに多くの居心地のよさそうな農場が見えました。イングランドで最も開墾された地域ですらこれほど多くはありません。そしてその中に散らばっている農夫の小屋のたたずまいそのものが、貧困について考え込むと湧いて来るあの暗い感じとは無縁でした。

干草の取り入れがまだ続いています。ノルウェーでは一つの収穫の後にすぐ次の収穫が続くからです。森は低木があちこちにあって彩り豊かです。もはや、未開の雄大さを見せて枝を伸ばす、巨大な松の森を通過することはなくなりました。ゆるやかな時の流れによる衰退や、激しい風雨による荒廃だけを見せていたあの森です。それとは違って、樫、トネリコ、ブナ、そして森の軽快で優雅な住人であるすべての木々が、ここでは気ままに繁茂していました。以前は樫の木はあまり見かけませんでした。樫の板材は大半が西の地域で産出されるとのことです。

フランスでは農夫はたいてい村落に住んでいて、それが国としてはずいぶん不利になっています。しかし、ノルウェーの農夫は例外なく自分の農場を持つか終身借地人で、農地内に居住しています。小作人の中には家賃無料で住まいが与えられる者もいます。その小屋には小さな土地が附属していて庭としてだけではなく、さまざまな穀物を育てるために使われます。ライ麦、エンバク、ソバ、アサ、アマ、豆類、じゃがいもそして牧草などで、家の周りの細長い区画に種がまかれます。それはよそから来た人間に、すべての家族が一つの独立共同体でなくてはならなかった時代の、最初の耕作の取組みを思い起こさせます。

この小屋に住む小作人は一定の労賃、一日一〇ペンスで、彼らが住む土地を所有する農民のために働きます。また、自分の土地を耕す時間も十分あり、冬に備えて魚を貯蔵します。妻と娘は糸を紡ぎ、夫と息子は機を織ります。ですから、彼らは独立していると考えて構わないでしょう。コーヒー、ブランデーやその他の贅沢品を買う少々の手持ちの金もあります。

唯一好ましく思えなかったのは兵役で、当初予想したよりも農民の負担になっていました。民兵の招集が一年に一度しかないのは事実です――しかしそれでも戦争になると、否応なく家族を放り出して行かざるを得ません。製造業の人にも兵役免除はありませんが、鉱夫にはあります。創業時に資本が必要な事業を奨励するためです。そしてそれ以上に専制的と思えることは、住民はある地域では陸軍の、他の地域では海軍の兵役を命ぜられることです。その結果、歩兵に生まれついた農夫は、たとえ気持ちが海に向いていても、それに従うことは許されないのです。これほど多くの港が近くにあるので、自然な願望なのでしょうけれど。

デンマーク王はヨーロッパで最も絶対的な君主で、このような統制には専横な政府の姿が見えます。他の点ではこの政府は、寛大な姿を装って法律を無益にしてしまうことがあります。古い慣習の変更が何か提案されると、国中の意見が求められ慎重に考慮されます。専制的に見られることを恐れ、施行すべきあるいは改正法と差し替えるべき法律が、時代にそぐわないままにされているのを見ることが何度かありました。臆病と紙一重のこの誤った節度が、最下層の人々の利益になっているからです。

旅の途上で立派な牧師館ばかりでなく、聖職者用で教会領耕地つきの快適な住まいも目にしました。聖職者はどこの国でも例外なくもったいぶった人物です。適切に形容するなら、学問を少々かじっていることを誇る輩で、司祭ゆずりの堅苦しい立派な教養を鼻にかけています。もっとも、司祭のもとで励んで身につけた追従のせいで、一風変わった教養になっていますが。

聖職者の未亡人は、聖職祿所有者の死後一二か月に渡って生活給付金を受け取ることができます。

船着場に着いてみると、モスへの航路はおよそ六ないし八英マイルでした。これまでノルウェーで見た中で一番平坦な海岸が見えました。周辺の田舎の様子から予想はしていましたが、海岸に到達するとこれまでとは違う風景が出迎えてくれました。自然の雄大な様相は進むにつれて縮まって愛らしくなっていったのです。それでも、岩山は小さいながらも、水際まで見事に木で覆われていました。人の手はほとんど入っていませんが、どこも崇高さは消えて優雅な風景になっていました。道はしばしば公園に造られた砂利道のようでしたし、樹木は飾りのような感じしかしませんでした。草地は芝生のようで、尽きない変化を見せ自然のありのままの美しさを見せています。そして実った穀物も、他のもの同様に景色を豊かにしています。

南国では空はこれほど美しくはありませんでしたし、そよ風はこれほど柔らかではありませんでした。世界で最も気持ちのよい夏は北国の夏であると、心からそう思います。大地が氷の足かせから開放され、閉ざされた流れがいつもの活力を取り戻すやいなや、植物は急速に豊かに成長します。気候による幸福の度合いは、最初想像したよりも公平なのかもしれません。ここの住民は、冬の喜びについて心をこめて語るのですから。私なら考えただけで身震いがします。その季節ならではの遊びの楽しみばかりでなく、仕事の楽しみもあります。彼らは驚くような速さで、垣根や溝を越えて最短の道を飛ぶように滑っていくのです。

モスに入ると、勤勉が生み出したと思える活気に心を打たれました。住人の中で最も裕福な人たちは店を持ち、その物腰や家並みにおいてさえもヨークシャーの小売商人に似ています。そして、自分たちがその土地一番の人間という思いから、独立心がより旺盛な、と言うよりむしろ尊大な雰囲気があります。クリスチャニアの資産家で企業家である、アンケル氏(1)所有の製鉄所を見る時間はありませんでした。製鉄所はラルヴィクで見た後だったので、それほど見たいとは思いませんでした。

当地で一人の聡明な文人に出会いましたが、彼はフランスの過去と現在の状況について、私から情報を集めたがりました。コペンハーゲン(2)で印刷される新聞には、英国の新聞同様、フランス人の残虐行為と悲惨さをひどく誇張した記事が載ります。しかし、前者には明確な論評や推論は載っていません。ノルウェー人は英国人と多く接触し、英語を話し英国風をまねしてはいますが、それでもフランス共和主義の成功を願っています。そしてたいへん強い関心を持ってフランス軍の勝利を見守っています。彼らは実際、自由の闘いの名を汚してでも、やむをえない(3)という暴君の口実を認めてすべてを許す意志が堅いので、ロベスピエール(4)は魔物だったといくら説いてもほとんど納得しませんでした。

このような主題についての議論は、当地では英国ほど一般的ではなく、ごく少数の人たち、聖職者や医者、そしてごく一部の文学好きで時間のある人たちの間に限られています。住民の大部分は船主、店の経営者、農民などさまざまな職業を持ち、家の仕事に追われています。裕福になりたいという彼らの野心は、良識を養うことになるのかもしれませんが、その良識が彼らの心と見識の両方を特徴づけ、また狭めています。心は家族だけに向けられ、家の女中も、趣味の仲間とはいかなくても娯楽の仲間に加えるのです。そして見識は、職人の観察、それに取引契約という高尚なる学問――あらゆるものを最安値で仕入れ、最高値で売ることのためだけに使われます。審美眼を広めるばかりでなく知性に自由を与えるものは、科学者や芸術家との交わりであると、これまで以上に今強く思います。それなしには、広く多くの人格者の善意に触れることはほとんどなかったでしょう。

加えて、ノルウェーではこそ泥や盗みのことをあまり多く聞かなかったとは言え、それでも彼らは平然と、盗品に違いないと思える値段でものを買うのです。二、三人の名士がいくつか品物を買っていた浮浪者の悪事が後に露見した、ということを聞き及びました。この世に見られる徳のうちのどれほどが、世のために用いられているのでしょうか！　そして自尊心を持って行使されているのは何とわずかなのでしょうか――あまりにもわずかなので、昔からの問いを繰り返して――真実あるいは原則はどこにあるのかと問いたくなります。今述べたことはたぶん不安な心から発散したものです――[5]気も狂わんばかりに傷ついた感受性の発露です。でも、この辺までにして――この問題は人間存在の別のありようにおいて――真実と正義が支配する場で議論しましょう。人間性を信頼できなくなるほどの心の傷とは、何と痛ましいものでしょうか！　――今は、暗黒の憂鬱が私の足元を飛び回り、悲哀がすべての未来の展望に白カビを落としています。その展望にはもはや希望の輝きはありません。

雨もよいの朝で、絵のような田園地帯の眺めを楽しみにしていたのですが、それを味わうことはできませんでした。この道は田舎を抜けていて、これまで当地で見て来たよりも広く開墾されていますが、それでも、ノルウェーのあらゆる野生の魅力が残っています。谷の周りは相変わらず岩で覆われていて、その灰色の斜面に緑が映えます。湖は海の入り江のように見え、海の入り江はさながら静かな湖の様相を呈していました。小川は小石や転がり込んで来て割れた石の塊の間を縫ってさらさらと流れ、水で根がむき出しになった木は風変わりな姿を見せています。

松がよく根本を削りとられているのは、実は意外なことではありません。松はひげ根を地表すれすれに水平に張り出し、岩にしがみつくひげ根がやっと隠れるわずかな土しか必要としません。この生い茂る松の姿ほど、樹木や植物が主に大気から栄養を摂っていることを、はっきりと示してくれるものはありません。――樅の木はもっと深い土壌を必要としますが、松と同じほど元気に見えるものはほとんどありませんし、土のない崖には松ほど多く生えていません。樅は岩の裂け目や、巡る年月を経て松が整えた足がかりに身を寄せています。

クリスチャニアに向かって、と言うより坂を降りていくと、少し曇りがちな天候が続いていましたが、広大な起伏に富む谷間の景色に魅了されました。それは壮大な円形劇場のように見える、松で覆われた山々に守られて広がっていました。あたりには農家が点在していて、景色は生き生きと、いいえ、優雅にさえ見えます。その景色には、本来の野生がずいぶん多く残っているので、人の手の入った跡は見えますが、それがほとんど気づかれないほどあたりまえに見えるのです。刈り込まれた牧草地で牛が草を食んでいました。隆起した斜面の鮮やかな緑が、実った小麦やライ麦と好対照をなしています。山腹に植えられた小麦には、ここより温暖な地域で見かけたような、潤沢で陽気な華やかさはありません。さわやかなそよ風が穀物を横切り、その細い茎を吹き分けています。しかし小麦が、まるで自然が植物の王位につかせたかのようないつものさりげない気品を見せながら、頭を揺らすことはありませんでした。

　馬車で山を下ると、すぐ左側の眺めは、ミョウバン製造のために岩が荒廃していて、ほとんど台なしになっていました。その製造行程は分かりません。――岩[6]が焼かれた後で赤くなっているのを見ただけです。そしてその過程が多量の廃棄物を残し、人間の勤労の姿が破壊という形で示されていることが残念でした。クリスチャニアの立地は、確かに並外れて素晴らしいものです。外洋の嵐を避けた安全な場所という思いを、これほど強く抱かせる湾は見たことがありません――周りを囲むものすべてが美しく壮大でさえあります。しかし、岩山もそれを飾る森も、以前西に向かう折に目にした、あの崇高な展望には遠く及びません。そして、「万年雪をいただく」山ですが、この[7]コックス氏の描写が確かめられる山を探してみました。しかし、雪は吹き飛んでいました。そんな雄大な遠景を探して見回しても無駄だったのです。

　数か月前、クリスチャニアの人々は、食糧難とそれに続く穀物の高値に憤りを覚えて立ち上がりました。直接の原因は一部の穀物の船での輸送で、行き先はモスとされていました。しかしそれは、穀物を国外に搬送するための口実に過ぎないと人々は疑っていました。彼らの推測が当たっていないとは言い切れません。――貿易の巧妙なやり口とはそういうものです。――彼らは船主のアンケル氏が、彼らの憤激を逃れるために馬車で町を出ようとした時、彼に石を投げつけました。彼らはアンケル氏の家の周りに集結していたのです。その後人々が、暴動のために逮捕された人々の解放を断固として要求したので、大行政官はそれ以上の論争を避けて釈放する方が賢明であると考えたのでした。

　商業に関する私の考え方は厳格過ぎるとお思いになるかもしれません。しかし現行のやり方では、人間性と正直さという最も尊い原則をまっとうするための追求に向けては、何も進展しないのです。投機は一種の賭け以外の何物でもありません。詐欺と言ってもいいでしょう。巧妙な手際がたいてい褒美にありつくのです。こんなことをつくづく考えたのは、名士の名には値しませんが、資産家ではある貿易商たちの行う手口について聞いたからです。それは今度の戦争の間に起こったことで、人間に共通する誠実さを侵害したのです。傷んだ品物や食料品を、わざと英国[8]の軍艦に捕まる目的で船で運ぶという手口です。英国軍は拿捕した船の積荷については賠償すると中立国に誓約しています。軍務に不適として送り返された大砲も、よい投機の対象として荷積みされました。船長は、英国の快速帆船軍艦に遭遇するまで巡航するよう命令を受けていました。多くの人が船を拿捕されて損害を被ったことは確かです。それでも、自分たちの船がわざと捕まるように企む貿易商が仕掛けた支払い請求に、英国政府がまんまと騙されたことも事実なのです。非難の対象はデンマーク人だけではないのです。さて、ここで筆を擱きましょう。今、とてもよい天気なので、散歩がてら町を見に行かなくては。

　クリスチャニアでは例によって丁重なもてなしを受けました。それは世界の礼儀作法の進歩を、どの個別の地域よりも如実に物語っています。到着して最初の夜、この地で最上流の人々と夕食を共にしましたが、まるで英国の淑女の集まりにいるように思いました。彼女たちはふるまい方、ドレス、そして美しいことまで、本当に英国女性にそっくりでした。我が国の最も美しい女性が、こちらの大行政官夫人と並び称せられても嫌な気はしないと思います。何人かのかわいらしい若い女性が同席していましたが、彼女はその誰よりも輝いていました。さらに興味深いことには、彼女が上流の人々の特徴である、くったくのない上品なふるまいを身につけていながら、ノルウェー人の質実な面を保っていることも一目瞭然でした。実際、彼女の物腰は優雅な中にもはにかみを含み、何とも言えない魅力がありました。これには少し驚きました。彼女の夫はまるで旧制度《アンシャン・レジーム》(9)のフランス人男性、というより宮廷人のようで、どこの国でも同じ類の代物だったからです。

当地では専制君主制という悪魔の本性を見ました。ノルウェーには総督はいないと、あなたに自慢しましたが、大行政官、特にクリスチャニアに住む上級大行政官は、総督などと同種の巨大な政治的権力者です。貧しい属国は、他の宮廷と同様に、コペンハーゲンでの血縁や縁故によって養ってもらっているのです。ノルウェー人は(10)アイルランド人のようなひどい状況には置かれていないにせよ、政府が従属していることはなお感じ取れます。本来の有利な立場の幾分かが、支配国家に利するために奪われているのです。

大行政官はほとんどがコペンハーゲン出身の貴族で、凡俗な心の持ち主がそのような状況でいつもするようにふるまっています――つまり、宮廷の力を少しばかり誇示するまねをして、司法長官の独立した権限と衝突を起こすのです。それに、彼らは地方判事を管轄する一定の権力を持っています。真に長としての風格を持って司法を行っている地方判事の中には、そのことをたいへん苦々しく思っている人がいます。なぜこの町でだけ、思慮深さが憂鬱あるいは沈滞に陥ったように見えるのか、あなた、私にはほとんど分かりません。――人類のこんなにも多くの部分を悩ます病について思案したせいで、田園地帯を旅していた時には燃えさかっていた空想の炎が、ほとんど消えかかってしまいました。――舞い上がることができずに地面で羽ばたいている小鳥のような気がしました。でも、翼があるという意識がまだあるうちは、爬虫類のようにのどかに這い回ることもしたくないのです。

外を歩きました。心が重くなったせいで頭がうずいて働かない時、外気はいつも癒してくれます。何気なく要塞の方に足を向けました。すると、足に鎖をつけて働いている服役囚の姿が目に入り、こんなにも特異な方法で犯罪人を扱う社会の規律に対して、かえって怒りが募るばかりでした。何人かの表情には活気があって、否応なしに目を引き、ほとんど尊敬の念を起こしたのですからなおさらです。

政府の課税に対する抗議をするよう農民を扇動した罪で六年間[11]監禁されている男性の顔を、鉄[12]格子越しに見ておきたいと思っていました。事件について明確な話を聞くことはできませんでしたが、不満は何人かの取り立て請負人に対するものなので、まったく根も葉もないわけではない気がします。彼には弁舌の才があったのか、あるいは言い分に真実があったに違いありません。農民は何百人も立ち上がって彼を支持し、彼が投獄されたことにたいへんな怒りを見せました。彼は何度か激烈な抗議書を上級裁判所に送ったのですが、拘禁はおそらく終身でしょう。判事は異論の出そうな判決を下すことを嫌うあまり、法解釈の華麗なる余地を利用して決定を先延ばしにしました。最終決定は、国家の理性によって判断されるしかないのです。

当地で見た服役囚の多くは終身刑ではありません。労役もつらくはありません。戸外労働のお陰で、狭いところに閉じ込められて身体をこわすこともありません。それでも彼らは、囚人同士だけでなく周りにいる要塞警護の兵士に話しかけたり、悪事の手際を自慢したりしても構わないので、たいていは、入所時よりもさらに常習的で熟練の悪人となって出所すると、当然ながら考えられます。

こんな連想をした原因をつきとめる必要もないのですが、頭に浮かんだのは、先日の夕方私の周りで見た星形や金の鍵形の装身具が、今見ていた足かせと同じくらい――おそらくそれ以上に、身につけている人の品位を落としていたということでした。そのような装身具が足かせを生み出したのではないかと思えて、そう考える理由を探ろうとさえしました。

ノルウェー人は宮廷が与える栄誉と肩書きを途方もなく好みます。それに付随する特権があるわけでもなく、お金で簡単に手に入るものなのですが。鉱山経営者は多くの特典を持っています。彼らはほとんど税金を免除されていますし、彼らの地所で生まれた小作人は、伯爵の地所の小作人同様、兵士や水兵になる義務はありません。

一つの勲章と言うより貴族階級の装飾なのでしょうか、ホッテントット族[13]にも似合いそうなものですが、それを目にした時は笑いました。馬の頭部につけられた豚の毛の束です。馬具にはよく丸い真鍮の飾りがぶら下がっていて、それがゆっくり揺れているとつい見つめてしまいますが、そのあたりにそれがつけられているのです。

要塞から宿に戻るとすぐに郊外に案内され、きれいな別荘とその英国風庭園を見せてもらいました。(14)ノルウェー人には両方とも、好奇心を満たしてくれる、そして有益なものだったのでしょう。他国と並ぶことが進歩に結びつくとの思いをたぎらせたのです。しかし私は眺めながらその場所を、周囲の景色と同じ性格を与えて、自然、すなわちよい趣味に回復しようと一生懸命でした。蛇行する遊歩道と花咲く茂みは、雄大な岩のくぼみの中では、そびえ立つ松の陰になってちっぽけに見えます。低い木立がその松に覆われていたのでしょう。それは風景に溶け込み、気品のある人家が近いことを示すほかは、人の手の入った跡を見せなかったことでしょう。美の技法とは驚かせることではなく、目を引きつけることにあります。ですが、それを認識できる審美眼を備えた人は、なかなかいません。

クリスチャニアは、本当にとても素晴らしい場所にあります。この馬車の旅で通った郊外は、多くの美しいそして洗練された眺望を見せてくれました。しかし、近づきながらの最初の眺め以外には、心に留まるほど際だって新鮮な、あるいは絵のような風物の組み合わせの妙はほとんど見せてくれませんでした。

さようなら！

第一四の手紙

クリスチャニアは清潔で端正な町です。しかし、建物には気品がまったくありません。それは国民の生活慣習が洗練されるにつれて備わってくるはずです――さもないと、家の外面でその内面も悪く判断されます。品位に欠けた成金趣味という印象を見るものに与えるのです。大きな正方形の木造家屋は見るに堪えず、[1]ゴシック様式の荒々しさ以上に拙劣です。巨大なゴシック様式の建物は確かに独特の崇高さと、建てられた時代特有の奔放な幻想を表しています。しかし、ただ大きいだけで荘厳でも優雅でもなければ、粗悪で着想が貧弱という印象が強いのです。金儲け主義によってしか、そのようなな印象は生まれません。

かつて、尊敬する友人[2]プライス博士の礼拝堂に入った時も、同じ思いに打たれました。非国教徒は人生の虚飾や虚栄のすべてを退けるわけではありませんが、彼らが壮大な柱やアーチを不信心と捉えていることに驚きました。人は感覚がある限り、慰めとなるいかなるものにも傾倒します。そうでなければ、なぜ悲しみにくれる心ですら、人を魅了するすべてが惜しげもなく広がっている自然の美を見て、存在が祝福であると納得するのでしょうか。この認識は、我々が神の存在に対して表することのできる最も崇高な敬意です。

便利についての議論は愚かです。富が便利な生活しか生み出さないのだとしたら、誰がそれを求めて働くでしょうか。もし人間に根本的に道徳を守らせたいのなら、美の鑑賞を含めた感覚の楽しみに、より大きな場を与えなくてはならないと思います。これは、北方に足を踏み入れ、そこでは快活な気質が、若い情熱が燃えつきるといつも酒に逃げるのを目にして以来、何度も頭に去来したことです。

しかしノルウェーからは抜け出して、木造家屋の話に戻ります。丸太作りの農家、そして同じく質素な作りの小さな村落ですら本当に絵に描いたようでした。もう少し離れた地域では、多くの農民の小屋が小川のそばや湖に接するところにあり、農地もすべて近くにあるのを見て、とりわけうれしくなったものです。家族が増えるにつれて少し広く土地が開墾されます。こうして田園地帯は明らかに住人によって豊かになっていきます。かつての農民は、木こりと呼んだ方がより正確だったでしょう。しかし今では、彼らは木を少し残す必要があると考えています。この変化はいたるところで益をもたらすでしょう。彼らは、伐採した木を売ることだけで生計を立てている間は、耕作には十分気を使いませんでした。その結果、農業の知識は非常にゆっくりとしか進歩しませんでした。将来彼らは、必要に迫られてますます農業に邁進することになるでしょう。森が切り開かれた土地は耕作の必要があり、そうしないと農地の価値が失われます。松の木の次の世代が十分成長するまで食糧を待つことはできないのです。

農地で働く人々は木材をとても大切にします。テンスベル近郊の伯爵所有の森を散策していて、木こりの家族が住むいくつかの小屋のたたずまいに見とれて足を止めたことがあります。――その木こりは伯爵の家と地所で必要とする木を伐るために雇われています。森に開かれた小さな芝地には、自然に寄り集まった高い木々が何本か残り、周りを囲む樅の木は奔放かつ優雅に枝を伸ばしています。住居は森に守られ、見事な松が屋根の上に枝を広げています。戸口の前には牛、山羊、老いた馬、そして子供たちがいて、一様に自分たちの土地に満足しているようでした。そして、もし満ち足りることが我々が達成できるすべてであるとすれば、たぶんそれは他を知らないことによって最も確実に手に入るのです。

ノルウェーの田園地帯は実に楽しかったので、さらに北に向かうことなくクリスチャニアを離れるのは心残りでした。ですが、移り変わる季節に加えて、仕事の要請と子供恋しさに背中を押されて出発することになりました。

六月と七月はノルウェー縦断の旅にうってつけの時期です。その季節の夕方や夜は、私が見たうちで最も美しいからです。しかし八月半ばから後半にかけて雲が増え始め、夏は秋の果実をほとんど実らせることもなく去っていきます。――それどころか、いわば、満ち足りた感覚が喜びに心を休めているると思えるさなかに、腕の中からするりといなくなるのです。

なぜさらに北に向かいたいのかと、おそらくお聞きになるのではないでしょうか。なぜか、それはその地域が、私の知る限りでは森と湖と澄んだ空気に満ちあふれていて、とてもロマンチックであるばかりでなく、そこの住民である裕福な農民が聡明であることを何度も聞き及んだからです。彼らは、狡猾にふるまって自らの実直さを汚したりはしません。沿岸の人々はそういう行いをするので、とても嫌気がさしていました。少しでも不誠実な行動で知られてしまった人間は、もはや彼らの中で生きていくことはできません。その人はどこに行っても人から遠ざけられ、恥辱が最も厳しい罰となります。彼らはあらゆる種類の欺瞞をひどく軽蔑しているので、西の海岸の人々を同国人とは認めません。海岸の岩の上に住む商人の悪名高い巧妙な手口を、徹底して軽蔑するのです。

彼らについて聞いた話から、黄金時代(3)の物語を思い起こしました。自主独立と美徳、悪徳なき豊かさ、心の堕落なき精神修養。そこには山のニンフ(4)である「ほほえみを絶やさぬ自由」(5)が寄り添っています。――私も信念を持ちたい！　そのような心休まる地に、私を脅かすすべての失望から逃れる隠れ家を探さなくてはと、想像がかき立てられます。しかし、理性が私を引き戻してささやくのです。世の中はやはり世の中であり、人間は相変わらず弱さと愚かさの入り交じった存在で、時に思いやりと嫌悪、敬愛と侮辱の感情を起こさないではいられないのだと。でもこの話は、架空の鉛筆で描かれた絵空事のようではあっても、思慮分別にすぐれ、空想で自分を見失うことのめったにない人から聞いたことです。

自由私有地権[6]と呼ばれるノルウェーの法律が最近改正されましたが、商業の障害になるとしておそらく廃止されるでしょう。地所の相続人は、それを元の金額で再取得する権利を持ち、二〇年の期間に渡って、必要不可欠の場合はその土地を改良することが許されて来ました。現在は検討の末、契約年数は一〇年とされています。そしてこの制限が制定された際すべての有力者が、この法律の廃止と修正のどちらが望ましいかについて意見を求められました。これは間違いなく、抵当権を設定して農地を貸し出すのに都合のよい安全な方法です。しかし、この問題について話した良識の深い人たちは、この権利は社会に有益であるよりは有害であると考えているようでした。それでも、農夫が自身の手で農場を維持する助けになるのなら、もし廃止されたと聞くことになれば、きっと私は残念に思うでしょう。

ノルウェーの貴族は、クリスチャニアを除外すれば、畏敬すべき存在とはとても言えません。また、商人が金銭的権益を十分に手に入れ、常に連携して来た自作農階級を見捨てて、上流階級の権勢を増強する気になるには長い時間を要するでしょう。

英国とアメリカの自由は商業に負うものであり、それは封建制度を揺るがす新しい種類の力を創り出しました。しかし、その結果には用心しなくてはいけません。富の横暴は階級の横暴よりもさらに人を苦しめ、卑しくします。

ごきげんよう！　出発の準備をしなければなりません。

第一五の手紙

昨日、クリスチャニアを離れました。天気はあまりよくありませんでした。道中少し遅れたので、数マイル回り道をして訪れようと決めていた、フレデリクスター近郊の滝を見る時間はありませんでした。それにフレデリクスターは城郭都市なので、門が閉まらないうちに到着する必要があったのです。

川沿いの道はとてもロマンチックですが、眺望は雄大ではありません。ノルウェーの富である材木が、静かに流れに浮かんで下っていきます。島や小さな滝がたびたび材木の行く手をさえぎりますが、その小さな滝は、何度も話に聞いた壮大な滝の子供とでも言えるでしょうか。

フレデリクスターで素晴らしい宿を見つけ、女主人の親切な心遣いがうれしく思えました。彼女は私の服が濡れているのに気づいて、旅行客の私がその晩快適に過ごせるよう大いに骨を折ってくれました。

とても強い雨でした。私たちは暗がりの中、馬車から降りずに渡し場を越えたのですが、それがよくなかったようです。馬は指図通りに動かないこともありますから。しかし疲労と滅入った気分のせいで、川を下ろうと横切ろうとどちらでもよく思えました。それに、女主人に言われるまでは服が濡れていることに気づきませんでした。何かを想像すれば必ず悲しみを思い出し――私の心は、肉体*が感じやすくなるほど悩みから解き放たれることは、めったになかったのです。失望(2)のせいで私は何と変わったことでしょう！　――リスボンに赴く時は、心の余裕が疲れを紛らせてくれました。想像力は、その時はまだ絵筆を空想の虹に浸し、燃えるような色で未来を描くことができたのです。今は――でも何か別のことをお話ししましょう――一緒にその滝まで行ってみませんか。

滝へつながる脇道は険しく荒涼としていました。土地はどちらを向いてもかなりの範囲が開墾されていました。でも、岩がすっかりむき出しなのに驚きました。これまで見たどこよりも地面さながらなのです。しかし、尋ねてみると、数年前に森林火災があったことが分かりました。荒れ果てた様子は極めて陰惨で、不毛から生まれるものは何もないという感慨に耽りました。この種の火災は、農夫たちが土地を肥やすために木の根や豆の茎などを燃やしている時に突然巻き起こる風で発生します。この文字通りの野火が、木の梢から梢へ飛び火して枝の間をはぜながら森林を嘗め尽くすのですから、被害は実に甚大なはずです。樹木のみならず土壌も恐ろしい火の勢いに吹き飛ばされます。そしてその地域は美と富を強奪されて、何世代も嘆くことになるのです。

こうして、時の流れを寄せつけないような壮大な森林に感嘆しながらも、以前ならこの上なく美しい緑に覆われていたはずなのに、目のはるかに及ばないところまで伸びている岩の列を見ると、胸が痛みました。

雄大な風景についてはしばしばお話ししたことがありますが、それがどのように美しく優雅なのかを伝えるのに私の力が及ばない情景もあります。らせん形の松かさが熟した種でふくらみ、そのうす緑色が日の光で輝いて紫に変わり、一本の木が多少早めに色を変えて他よりも引き立って見えます。大自然がふんだんに、松の木を勲章のように垂れ下がった実で飾っているのを見ると、若木があらゆる岩の割れ目で生存競争をしているのを見ても驚きはしません。こうして巨大な石の塊は松で囲まれ、嵐で引き剝がされた根は若い世代の木の風よけになっています。松と樅の林はまったく自然のままで、どこまでも変化に富んでいます。林の中の小道では落ち葉が足にまとわりつくこともなく、生と死の間をひらひらと舞い落ちる時に目を引くのみです。老いた松の灰色のくもの巣のような姿は、衰弱の印象をより鮮やかに与えます。木の繊維は水分を失うにつれて白くなり、封じ込まれた生命がそっと抜け出ていくかのようです。なぜかは分かりません

＊「心に悩みがない時には、肉体は感じやすい。」『リア王』(1)参照。

が——死(3)はどんな形であれ、自由になっていく——そして私の知らぬ要素の中に拡散する何かのように私には思えます。いえ、この意識を持った存在も、同様に解き放たれ、思索の翼を持って初めて幸福になれるのでしょう。

滝(4)と言うよりむしろ瀑布ですが、その轟音はずいぶん前から聞こえていて、もう近いと分かっていたのですが、到着すると私の魂には、落水にせき立てられるように次から次と思いが湧いて来ました。暗い空洞から音を響かせてほとばしる流れの猛烈な勢いには目を凝らすばかりで、心の中にも同じような動きを引き起こすのでした。思いは地上から天空へと駆け巡り、なぜ生とその苦悩に縛られているのかと自問しました。それでも、この崇高な事物に刺激を受けて情緒がかき乱されるのは気持ちのよいことでした。それを見ていると、魂は新たな威厳をまとい、憂いを超越します——不滅を捉えようとして——目の前で絶えず変化しながらも同じ姿を保つ滝の流れと同じく、思考の流れを止めることはできないようでした——来たるべき人生の暗い影を跳び越えようと、手を永遠に向けて差し伸べました。

心残りでしたが、滝を後にしました。一番よく滝を見渡せる小さな丘の上に、さまざまな王の来訪を記念したオベリスクが数本立てられています。滝の上流と下流の姿は本当に絵に描いたようで、急流が穏やかな流れになるにつれて岩だらけの風景は姿を消します。しかし、たくさんの製材所が瀑布の近くに群がっているのは目に障りました。眺望の調和がそのせいで損なわれていたのです。

少し離れた深い谷に架けられた橋を眺めて、まったく異なる感動を覚えました。その橋は、マストのような、枝を払っただけの木の幹で実に巧妙に支えられていました。交互に組まれた丸太は、軽やかかつ堅固な姿を生み出し、下から見上げるとほとんど空中に架けられたかのようです。高いので支柱の大木もきゃしゃに見え、ほっそりと優美に佇んでいます。

この近くに貴族の農園が二か所あり、そこを耕作する農民は、世に広まった進取の気性を人より多く持っていたようです。農業の実験が何度も行われ、この地域は囲い込みと耕作が他より進んだように見えます。それでも、農民の小屋は、モスや西の方面で見たものほど快適には見えませんでした。人はどんな形であれ、隷属することによって卑しくなります。そしてここでは、小作人は完全に自由というわけではありません。

さようなら！

お伝えするのを忘れるところでしたが、ノルウェーを離れる前に、北方の海[5]で目撃されたという怪物について尋ねてみました。数人の船長と話してみましたが、怪物についての伝説的な話を聞いたことがある人や、ましてや、その存在を実際に目撃した人はいませんでした。事実がはっきり確かめられるまで、この怪物の記述は我々の地理の教科書から除外しておくべきでしょう。

第一六の手紙

フレデリクスターを午後三時頃出発し、ストレムスタード(1)には宵闇が迫らないうちに到着の予定でした。しかし、風が止み天気も穏やかだったので、水夫たちが疲れるまで漕いだにもかかわらず、対岸に向かってほんのわずかな距離しか進めませんでした。

岩と島の真っ只中に入り、月が昇って星が澄みきった天空から光を放っていましたが、いつの間にか夜になったことを忘れて、優しい夢想、感性の紡ぐ詩的な虚構に耽っていました。ですから、ストレムスタードに到達するのに難渋した時間の長さも分かりませんでした。あたりを見回してみても、近くまで来たことを示すものは何一つありません。それどころか、英語を少し話せる水先案内人に聞くと、彼はノルウェーの沿岸航行の経験しかなく、ストレムスタードへ航海したのは一度しかないことが分かりました。しかし彼は、舵取りの目安になる岩場について自分より詳しい男が乗っているから大丈夫だと言うのです。船には羅針盤がなかったのです。それでも、彼の愚かさにあきれて、とてもその腕を信頼する気にはなれませんでした。ですから、何の手がかりもなく岩だらけの迷路をさ迷っているのではと不安になるのは当然でした。

これは一種の冒険ではあっても、心から楽しめる類のものではありませんでした。加えて、私は早くストレムスタードに着いて、その晩のうちに少年を使いに出し、道中の馬の準備をさせたかったのです。することもなくそこに一日滞在して娘に会うのが延びるのも、あなたからの待ち遠しい手紙を受け取るのが遅くなるのも嫌でした。

私は、水先案内人が航路に不案内だと出航前に告げなかったことをいさめ始め、叱りさえしました。私の言葉で彼はさらに力を入れて漕いだのですが、一つ岩を回っても次の岩が現れるだけで、現在地を知る手がかりは探してもなかなか見つかりません。目的の湾の入り口とおぼしき入り江に次々と入り込んでみても、座礁しそうになるだけでした。

暗い岩影に船を滑らせていると、しばらくは寂しげな情景が心を満たしてもくれました。しかし、このようにあちこちさ迷いながら丸一夜を過ごし、次の一日を無駄にするのではないかと思うと黙っていられなくなり、水先案内人に、大きな島の一つに引き返すよう頼みました。そこに船が停泊しているのが見えたのです。近づいていくと、島の頂上に見える窓から漏れる明かりが目印になりました。しかし、我々は思ったよりまだ沖合にいたのです。

水先案内人は、波止場かどうか分からないまま、どうにか船を岸につけました。期待できる救いは航路の案内人だけでしたので、私は船に残り、しばらく待たされました。＊この人たちの行動にはそもそも無神経なところがあり、普段より我慢を強いられます。やっとのことで水先案内人は一人の男を連れて来て、その人が船を漕ぐのを手伝い、午前一時少し過ぎにストレムスタードに上陸しました。

使いの少年を出すには遅過ぎましたが、なるべく朝早く出発できるように、必要な準備をすませてから床につきました。

太陽が輝きを見せながら昇りました。馬車は七時から八時の間にしか着かないのに、気がせいてベッドに長居はできませんでした。しかし、馬の手配のために前もって出発した少年には、十分に私の先を行かせたかったので、はやる気持ちの手綱を締めました。

この事前の手配は役に立ちませんでした。最初の三駅の後、二時間も待たなくてはならなかったのです。その間、駅の人たちは慌てず騒がずおもむろに農場まで出かけていって、馬を出してほしいと交渉しているのです。初物の収穫を運び入れるのに使っていた馬をです。それを見て、この無精な農夫たちにも彼らなりにずるいところがあるのだと分かりました。私に馬の代金を払わせたのにもかかわらず、使いの少年は徒歩で出かけていって、私のほんの三〇分前にしか着いていなかったのです。それで、この日の手はずはすべて狂ってしまいました。そして再び三時間足止めされ、しぶしぶクヴィストルムに宿を取ることにしたのです。その晩のうちに到着した

かったウッデヴァラの二駅手前でした。(2)

しかしクヴィストルムに着くと、町中が人、馬、荷車、牛、豚であふれ、宿の戸口まで近づくこともできない状態でした。道で多くの人を見かけたので、近くで市が開かれているのではと思っていたのですが、この混雑を見てやはり思った通りだと納得しました。この騒々しいお祭り騒ぎではひっきりなしに喧嘩が起こり、怖い思いもしました。タバコの煙とブランデーの香りで、その情景はまるで地獄さながらです。非常識極まる大騒ぎに後ずさりばかりして、共感を覚えるものは何もありませんし、最後には下品な乱痴気騒ぎになるのではと思いました。どうしたらよいのやら。ベッドばかりか、少しの間避難する静かな場所さえありません――すべては騒音、騒動、混乱の中に埋没しています。

交渉の末、二区間先のウッデヴァラまで行く馬を出してもらう約束を取りつけました。食事をしていなかったので、まず食べ物をお願いすると、以前、自分のすることをわきまえている人とご紹介した女主人は、魚料理を一皿出してくれて、代金は一リクスドル半でした。「日の照るうちに草を干せ」という諺の通りにことを運べたわけです。騒動から逃れられてうれしかったのですが、屋根なし馬車で我慢しながら一晩中走るのには気が滅入りました。馬の調達は他にいくら

＊ 私が寒さの中で待っていたのに、彼がパイプを一服するために長居したのはほぼ間違いありません。

でもできると思いつけばよかったのですが。

クヴィストルムを出るとあちこちに楽しげな集団を見かけました。まだ宵の口なのに、たくさんの人が草の上で疲れた牛のように寝そべり、道端には酔っ払いが横になっています。高い木の陰にある岩の上では、何人もの男女が火をたいて、周りからたきぎを切り出して夜通し燃やし続けていました。彼らは力の限り、酒を飲み、タバコを吸い、笑っています。木からもぎ取られた枝が地面に散らばって、かわいそうでした。――不運なニンフたちよ！　汝らの住まいは、多くの罪深い炎で汚されたようだ。ひと時の不意の大騒ぎで！

馬車はとても順調に進みました。しかし駅に近づくと御者はそこで馬車を止め、脅そうがおだてようが、彼を説き伏せて先へ進むことはできませんでした。そればかりか、契約を守れと言い張ると、わめいて泣き出すのです。こういう意気地無しの愚昧な強情ほど手に負えないものはありません。彼らを創った時には、プロメテウスは天から盗んだ火が弱くなり過ぎて火花しか使えず、動かない土人形に生命を吹き込むのに精一杯で、生気までは無理だったのでしょう。

駅の人を起こすのに少し時間がかかり、思った通り、馬は少なくとも四、五時間待たなければならないと言われました。私は再び、私たちをここまで運んでくれたこの手に負えない輩に袖の下を握らせようとしましたが、あの礼儀正しい女主人の約束にもかかわらず、彼はこれ以上一歩も先には行かないよう命じられていたのでした。

仕方なく宿に入ったのですが、異臭で逃げ出しそうになりました——異臭以外の遠慮した言い方では、部屋に立ちこめたむっとする空気の感じは伝わらないでしょう。そこには、八人から一〇人ほどの人が寝ていました。床に寝そべっている何匹かの犬や猫を除いてです。二、三人の男女は長いすで、他の人たちは古い収納箱の上で横になっています。そして一つの人影が突然大きなかばんの中から半身を起こして私を見たのですが、もしシュミーズが白くて土色の顔と対照的だったりしたら、幽霊と見間違うところでした。しかし、亡霊の衣裳としては万全でなかったので、臭気以外に恐れることもなく、鍋、釜、牛乳桶や洗濯桶の間を慎重に通り過ぎ、荒れ果てた階段を上がり終えて寝室に通されました。ベッドはとても身を横たえる気になれないものだったので、窓を開け、旅行かばんからきれいなタオルを何枚か取り出して上掛けの上に広げ、さっきの嫌悪感など無視して、精根尽き果てた身体をその上で休めました。

朝がまだほの暗い頃、小鳥のさえずりで目が覚めました。馬がいるかどうか聞くため階下に降りる際は、すでにお話ししたあの部屋を急いで通り抜けました。豚小屋のようなものと人間の住みかというものを結びつけるのが嫌だったのです。

少女たちがあれほど早い年齢で美しい肌の色を失うことや、当地では恋愛は自然の摂理を満たすための単なる欲望であって、愛情や情操によってより楽しいものになることが決してないことも、今では納得できました。

二、三の駅では馬が待っていましたが、その後は以前のように、農夫たちのせいで手間取りました。彼らは、私がスウェーデン語を知らないのにつけこんで、次の馬を準備するため先に出したという四番目の馬の代金を私に払わせたのですが、実際はその馬を出してはいなかったのです。娘が元気なことを確かめたくてたまらなかったので、最後の駅では特に気をもみました。

しかし、やきもきしながらも、旅を楽しむことはできました。六週間前に同じ土地を通ったのですが、それでもなお、初めてであるかのように目を引きつけるものが十分あり、胸に巣くった悲しみを、追い払いはしないまでも紛らしてはくれました。変化に富む自然の美しさは何と興味深いのでしょう。それぞれの季節は、何と独特の魅力にあふれているのでしょう！　今ヒースは、まとっている紫色でいっそう鮮やかになり、その色は春の新緑の輝きを凌駕するほどでした――そして、穂のふくらんだ小麦のつややかな光沢と絶妙な調和を見せています。天候も崩れることなく晴天が続き、畑で精を出して小麦を刈ったり束ねたりする人々の姿が、景色に絶えず変化を与えています。岩山は確かにたいへん険しく荒涼としていましたが、道はかなりの距離に渡って雄大な川のそばを通り、対岸には牧草地が広がっていたので、不毛の面影が特に目を引くことはありませんでした。ただ、ノルウェーの農場を見た後なので、このあたりの農家の様子はよりいっそうみすぼらしく見えました。木々も同様に、何度もお話しして来た森の長老たち《ネストール(3)》に比べると、昨日生えたばかりのようでした。女性や子供たちはブナ、樺、樫などの木から枝を切り落として乾燥させていました——こうして飼い葉の不足を補うやり方は木々を傷つけます。しかし、冬があまりにも長いため、貧しい人は干草の十分な蓄えをする余裕がないのです。このような手段で、彼らは何とかやせた乳牛の命をつなぐのです。餌がろくに与えられなければ、牛乳はほとんど期待できないからです。

今日は土曜日で、夕方はまれに見るうららかな天気でした。村々のいたるところで日曜日の準備が行われています。ライ麦を積んだ小さな荷馬車のそばを通り過ぎると、それは、絵心に響く、これまで見た中で最も心なごむ、取り入れ後の帰宅の情景を見せていました。小さな女の子が毛のふさふさした馬にまたがって、馬の頭上で棒を振り回しています。父親は馬車のわきを腕に子供を抱えて歩いています。その子はきっとよちよち歩きで父親を迎えに出たのでしょう、両腕を伸ばして父の首に抱きつこうとしています。そしてまだ幼さの残る男の子が一人、刈り取った束が落ちないように、後ろからフォークで一生懸命押さえていました。

彼らが小さな家に着くまで目で追って思わずため息をつくと、自分は料理をするのが嫌いなのに、家族のポタージュを作っている母親がとてもうらやましい、というささやきが心に聞こえて来ました。私は幼い娘のところに戻ります。(4) 彼女は父親の気遣いややさしさを一度も経験することがないかもしれません。娘を育んで来た胸が、不幸な母親だけが感じることのできる思いに駆られ、疼いて波打ちました。

さようなら！

第一七の手紙

トロルヘッタンを訪れることなくイェーテボリを発ちたいとは思いませんでした。滝だけではなく、岩山を縫って一英マイル半もの距離に渡って運河(1)を引くという巨大な試みの進行具合も見たかったのです。

この工事は、ある会社が毎日九〇〇人を従事させて進めており、公表された計画では完成に要する期間は五年とされています。計画の必要金額をはるかに上回る資金が提供されたことから、出資者は莫大な利益を得るのだろうと推測する根拠は十分にあります。

デンマーク人は用心深い目で工事の進展を見つめています。この事業がそもそも海峡の通過関税を避けるために着手されたからです。

トロルヘッタンに着いて、最初に見た滝の眺めには落胆したと言わざるを得ません。また、進展中の運河工事の光景は、人間の努力の大いなる証ではあっても、空想を刺激するようにもくろまれたわけではありませんでした。しかし周辺を歩き回ると、最後にさまざまな滝が合流しているところに出ました。それぞれの滝から水がほとばしり、巨大な岩の塊とぶつかり合い、奥深い空洞から音を響かせています。すぐにさきほどまでの印象を捨て、壮大とはまさにこのことと思い至りました。樅の木で覆われた小さな島が滝の中央にあり、瀑布を分断していっそう絵になっています。滝の半分は暗い洞窟から噴き出すように見え、空想がふくらんで、地球の真っ只中から水を吹き上げる巨大な泉が目に浮かぶようです。(2)

轟音に圧倒され、時を忘れて見入りました。決して止むことのない、荒れ狂う水の動きを見ているだけで目まいを覚えつつ、自分がどこにいるのかもほとんど意識することなく、滝の音に耳を傾けました。すると、ほとばしるしぶきではっきりとは見えませんが、一人の少年が対岸の突き出た岩の下で釣りをしているのが目に留まりました。彼がどうやってそこまで降りていったのかは分かりません。人の通れる踏み段らしきものは見当たらず、恐ろしいほどごつごつした岩は山羊の行き来さえ拒んでいるようです。そこは鷲にしかふさわしくない住居のように見えましたが、それでも岩の割れ目では松がらせん形の松かさを突き出しています。しかし滝のそばに生えているのは松だけで、他はどこも荒涼として荘厳な、まさに不毛の支配する場所です。巨大な灰色の岩の塊は、おそらく自然界の何か恐ろしい激動で引きちぎられたのでしょうが、最初に付着するはずのわずかな苔すらついていません。混沌という思いを起こさせる様相があまりにも多く、運河とその工事は、偉大とは言われながらも些細なことに見えて、それを称えるどころか、このように壮大な風景をまったく孤独で崇高なままにしておけなかったことを嘆かずにはいられませんでした。激烈な奔流のすさまじい轟きの中にあっては、人間の工具の音、作業員のざわめき、そして岩が爆破されて大きな塊が土煙で暗い空中に震える音でさえ——子供の取るに足らない遊びにしか見えませんでした。

落下する流れの一つは、堰を建設しようとした人間の手が部分的に入っていますが、途方もなく壮大な印象を与えます。水は計り知れない速度で、絶壁を少なくとも五〇ないし六〇ヤード真っ逆様に落下して深い淵に到達し、淵はしぶきですっかり覆われ、いやが上にも空想をかき立てます。轟音は絶え間なく響いています。私は岩の上に立って眺めていましたが、それは自然の架けた橋のようで、滝の流れ出す地点とほぼ同じ高さに達していました。滝のそばで長い間もの思いに耽り、向こう岸へ目を向けると、穏やかな流れが静かに曲がりくねって流れていくのが見えました。滝を真っ逆様に落ちていった大きな丸太が、さざ波を立てて流れる川に静かに入っていくのが見えなかったら、その流れと滝の奔流がつながっているとは思わなかったでしょう。

後ろ髪を引かれる思いでこの大自然の風景を後にして粗末な宿へ引き返し、翌朝イェーテボリに戻り、コペンハーゲンへの旅の準備をしました。

スウェーデンをもっと旅することなくイェーテボリを去るのは残念でした。でもきっと、ロマンチックで住む人もまばらな国と、貧困に苦しむその住民を見るだけだったでしょう。ノルウェーの小作農民はたいてい独立心が旺盛で、無骨とも言える率直なふるまいが見られます。しかしスウェーデンでは、貧苦のために意気地のないところがあって物腰はずいぶんと丁重です。それは、時には不誠実と紙一重なのかもしれませんが、悲惨な状況によって失意が増したと言うより、むしろ和らげられた結果であることが多いのです。

ノルウェーでは、スウェーデンのリクスドルより価値の低い紙幣は流通していません。小さな銀貨が小銭として使われ、価値は通常一ペニー以下、高くても二ペンス以下です。しかし、スウェーデンには六ペンスに相当するほど低額の紙幣があります。この国で銀貨を見たことはありません。そして、一リクスドルの価値を持つ大きな銅貨を手に入れるのは難しく、少し上積みして交換しなければなりませんでした。道路で門を開けてくれる貧しい人々への心づけに使うのです。

スウェーデンの貧困を示すもう一つの証拠として、こちらで財産をなした外国の商人は、王国を離れる時に財産の六分の一を供託する義務があることに触れなければなりません。ご推察通り、この法律の網はしばしばくぐりぬけられています。

それどころか、当地の法律はノルウェー同様非常にゆるやかで、不正を抑制するよりむしろ奨励しているようなところがあります。

イェーテボリに滞在中、ある男が主人の机をこじ開けて五千ないし六千リクスドルを持ち逃げした罪で拘束されました。判決は、わずか四〇日のパンと水だけの禁固刑でした。しかも、親戚がその男にもっとおいしそうな食べ物を差し入れて、この軽い処罰をさらに骨抜きにしたのです。

スウェーデン人は一般に家族と強い愛情で結ばれています。しかし相手の不実が証明された場合、あるいは自らそれを認めた場合、夫と妻どちらからの申し立てでも離婚が認められます。[3]女性がこの対等の権利に訴えることはあまりありません。彼女たちは夫の裏切りと同じことをして報復するか、家でただあくせく働き、夫の横暴で疲れ果て奴隷のように屈服するかのどちらかを選びます。さらに、青年期が過ぎ去ると夫は飲んだくれになり、妻は奉公人を叱ってうさを晴らすとつけ加えても、厳し過ぎるとはおっしゃらないでください。実際、よい趣味と精神の修養が、若い頃の美しさや血気に取って代わることのない国に、何を期待できるでしょうか。愛情には共感よりも堅固な土台が必要です。誠実な感情を生み出すのに十分なほど、行動に揺るぎない節操のある人はほとんどいません。これまで聞いた義務からの逸脱を正当化する議論すべてにもかかわらず、最も自然に湧き上がる感情ですら、弱い人間が自ら認める以上に節操の指揮の下にあるのは間違いないのですから。

しかし、道徳論はこれまでにしましょう。エルシノアの宿で馬を待ちながら、この手紙の最後の数枚を書いていたところです。まだ馬の準備が整っていないので、イェーテボリからの旅について少しお話ししておきましょう。出発したのはトロルヘッタンから戻った翌朝でした。

一日目の旅では、この地方はずいぶんと不毛な様相を見せました。ノルウェー同様岩は多いのですが、それほど絵になる眺めでないのは、その規模が小さいからです。感じのよい小さな町ファルケルスベリ(4)で、満足できる宿に宿泊しました。

翌日、ブナと樫の木が眺望に彩りを添え始め、海が時折それに威厳を与えているようでした。同時に、スウェーデンで最も不毛な地の一つと教えられたこの地域でさえ、耕作された土地がノルウェーより多いことは一目瞭然でした。いろいろな作物を植えた平原がかなり大きく広がり、すでに荒々しさの消えた海岸へ傾斜して連なっています。馬車を進めながら、この地域をざっと眺めて判断する限りでは、農業はより進歩した状況にあります。ただ、住居には貧しい様子がまだかなり残っています。小さな農家のほとんどはとても住み心地が悪そうでしたが、ストレムスタードへの道中で見かけた家ほどみすぼらしくはありませんでした。町の様子は、ウェールズの小さな町の多くや、パリからカレーへ行く途中に通ったいくつかの町にまさるとは言えないまでも、似たようなものでした。

旅を進めながら泊まった宿には、イングランドのことがいつも懐かしく思われたことを除けば、特に不満はありませんでした。人々は好意的で、宿代もノルウェーの、特に西部に比べるとはるかに妥当でした。ノルウェー西部では、していないことにも厚かましくも代金を請求し、難破船と同様に、人を合法的な獲物ではないにせよ、見逃してはならない幸運な機会と見なすようです。海峡を渡った時のエルシノアの眺めは心地よいものでした。船賃として、飲み物代を含めて三リクスドルを払いました。よそ者にはふっかけることがありますので、金額を書いておきます。

コペンハーゲンに着くまで、さようなら！

第一八の手紙

コペンハーゲン

エルシノアからコペンハーゲンまでの距離は二二マイルです。よく整備された道路が、ほとんどがブナの木の森や、立派な邸宅のある変化に富んだ平坦な土地に伸びています。広大な穀倉地帯のようで、土地はこれほど海に近いところの通例よりはるかに肥沃に見えます。高台はほとんど見あたりません。また、コペンハーゲン近郊はまったくの平地で、当然見るべきところもなく、ただ耕作地だけが広がり目を引くものは何もありません。家屋は見苦しくはありません、と書けばそれで家々について記憶に残ったことすべてを伝えられます。思い出してみても、家を見て楽しい気持ちになったことも、自然や人の手になるものを見て気が紛れたこともありませんでした。近づいていくと町の眺めはなかなか堂々としていましたが、想像力をかき立てるような目立った特徴は、遊歩道に木陰を作っている木々だけでした。

コペンハーゲンに到着する直前、広い平地にいくつものテントを見て、野営地の流行(1)がこの都会にも及んでいるのかと思いました。しかしすぐに、それが(2)最近の火事で家を焼け出された多くの貧しい家族の収容施設であると分かりました。

すぐに市内に入って火事が残した埃と瓦礫の中を進み、甚大な被害を目にして震える思いがしました。少なくとも市の四分の一が破壊されています。崩れたレンガや煙突のありさまには、心痛を和らげる哀愁の思いへと想像力を誘うものなどほとんどありません。目を楽しませる趣などかけらもなく、善良な心を苦しめるものばかりです。時の破壊行為にはいつも空想を誘い、いくつかの対象について瞑想させる何かがあり、その対象は精神を感覚的事物から引き戻して、その何かに新たな尊厳を与えるようです。しかしここでは、私はまだ生々しい灰を踏みしめているのです。被災者はなお、この恐ろしい大火がもたらした悲惨な思いに打ちひしがれています。想念の中に逃げ場を求めることはできませんでした。彼らは苦しんだ——だがもう召されたのだ！共感が募って苦悶となった時に、心を静めるためによく呼び起こす言葉です。この時もそうでしたので、勧められたホテルに急ぐように御者に伝えました。目を背けて、次々と湧いて来る思いを断ち切るためです。その思いに駆られて、街の隅々まで家を失った人々を見てまわっていたのでした。

今朝は街の中を、惨状を見るのがいやになるまで歩き回って来ました。パリやロンドンを見たことのあるデンマーク人ですら、コペンハーゲンのことを話す時はとてもうれしそうな表情になると、よく聞いたことがあります。確かに、私はこの都市をずいぶん不利な状況で見てしまいました。素晴らしい街路のいくつかは焼け、どこもかしこも混乱を極めています。それでも、贈り得る、あるいは贈り得たと考えられる最大の賛辞は、次の一言で足りるでしょう。街路は広く、多くの家は大きい。ですが、優雅とか壮麗という思いを抱かせるものは見あたりませんでした。国王と王太子が住む円形のテラスハウスは例外ですが。

約二年前に焼失した王宮[3]は、端麗で壮大な建物だったはずです。石積みがまだ残っていて、この前の火事の時には多数の貧しい人々が、他に住居が見つかるまでその廃墟に避難しました。大階段の踊り場にはベッドが仮設され、人々は一家そろって寒さに震えたのです。部屋の狭い隅々まですべて、家を奪われた哀れな人たちの避難所として板張りがされています。今のところ、彼らの身を夜気から守るには屋根一枚で十分かもしれません。しかし季節が進めば、政府による尽力は相当なものではあっても、災害の甚大さが一段と厳しく身に沁みることでしょう。確かに民間の慈善活動も、ことあるごとに出現する苦悩を和らげるのに大いに役立っています。それでも、当地の公共心が強いとはとても思えません。公共心があれば、最後にやっとそうしたように、火が達する前に何軒かの家屋を打ち壊して、大火災を初期の段階で食い止められたでしょう。住民はこの策に同意しようとしなかったし、王太子も絶対的な権力を振るうべき時を見極める決断力に欠け、ただ静観して住民のなすがままにし、ついに市全体が壊滅の危機に瀕したのです。王太子は子供の如くためらい、適切的確な行動を取るという自らに課した原則に固執するあまり、断固たる処置をすれば防げたはずの災害の進行を見つめながら、なすすべもなく嘆くだけという過ちを犯しました。彼はその後で手荒い手段に訴えざるを得ませんでした。とは言え——誰が彼を責められるでしょう。それに、非難を避けるために言いますと、[4]心弱き人々は何と大きな犠牲を払ったのでしょうか！

また、その場を目撃したある紳士によれば、資産階級の人々が自分たちの貴重品や家具を守るためにした尽力の半分ほども消火に向けていれば、火の勢いがすぐに衰えたのは間違いないだろうとのことです。しかし我が身に危険が及んでいない人々は全力を傾けようとはせず、電気の衝撃のような恐怖に打たれて初めて、誰もが巻き込まれる災害という意識を全住民が持ったのです。消防ポンプすら故障で満足に動きませんでした。王宮の焼失は、消防ポンプは定期的な修繕を要するという戒めになったに違いありません。しかし、自分に直接関わらないことについてのこういう怠惰は、デンマーク人の特徴を表しているようです。緩慢な集中力のせいで、彼らは自分の財産を守ることに汲々として、それを増やすために冒険的要素のある事業には何ら乗り出そうとしません。

コペンハーゲンはデンマークとノルウェーの首都でありながら、勤勉さや趣味のよさがクリスチャニアほどは見られないのに驚きました。実際、見る機会のあったどんなことも、デンマーク人が美の洗練のために実にわずかの犠牲しか払っていないことを物語っています。

実業家は家庭内の専制君主で、自分の仕事に冷徹に没頭し、他国の状況にはまったく無知なあまり、世界中でデンマークが最も幸福な国で、王太子がありとあらゆる王子の中で最高で、ベアンストーフ伯爵が大臣の中で最も賢明であると独断しています。

女性はどうかと言えば、彼女たちは単に切り盛り上手な主婦に過ぎません。趣味のたしなみや、より進んだ社会生活を彩る魅力は何もありません。このまったくの無知無学は、台所では何かの助けになるかもしれませんが、彼女たちをよりよい親にしているとはとても思えません。それどころか、子供たちはないがしろにされています。愚かで甘い母親の世話に任せられると、たいていそうなります。彼女たちは、行動に自らの感情を抑制する節操がないために、幼い子供の言いなりになって誤ったやさしさで身体と心の両方を弱くしてしまうのです。

今感じていることにもとづいて書いているので、私の見方はたぶん少し偏っているでしょう。今日私はわがままな子供のためにひどい思いをし、また不運なマティルデ(5)の母親としての資質に投げかけられた侮辱に怒りを覚えたからです。彼女は息子のしつけ方について、無慈悲極まる当てこすりで非難されました。ですが私の知る限りでは、彼女の息子への配慮には、やさしさだけでなく良識も明らかに見られます。彼女は毎朝自分で子供を入浴させ、ゆったりした服を着せることを主張し、召使いが息子に好きなだけ食べさせてお腹をこわすことのないように命じました。

彼女は同様に、子供に傲慢な態度が身につかないように、また歩行練習の革ひもをつけている時もわがままにふるまわないように気をつけました。王太后は彼女が母乳を与えることを許しませんでしたが、次の子供は娘で王位の法定継承者でなかったため、彼女の母親としての義務の果たし方への反対は少なくなりました。

哀れなマティルデ！　あなたのことがここに来て以来頭を離れません。そしてこの国の慣習についで抱いた思いは私の共感をかきたて、あなたへの追慕の念は増すばかりです！

私は今や、彼女は自分が放逐した一派の犠牲になったのだと信じて疑いません。その一派は、もし彼女の愛人が、世のために旧弊の打破を試みなかったら、彼に対する彼女の寵愛を大目に見るか、あるいは応援したことでしょう。変革を求める機運が高まり、民衆が自分たちのために闘う人を支持するのに十分な気概を持つにはまだ早過ぎたのです。まさにこれほどにも彼女への風当たりは厳しく、多くの年月が経った後ですら、彼女は放縦だったと咎められるのを耳にしました。大衆の娯楽をより優雅なものにしようと尽力したことだけではなく、施設の中では特に捨て子の収容所を設立したことから、彼女の慈善行為すら非難の理由になりました。美徳として通用している多くの慣習は様式の固執に過ぎず、真実をないがしろにしていることが多々あります。それを嫌悪して、おそらく彼女は改革者に共通の過ちを犯したのでしょう。時間をかけてしかできないことをただちに成し遂げようとする過ちです。

説得力のある多くの論拠が友人たちによって主張され、彼女のストルーエンセに対する情愛は、彼女の権勢を恐れた人たちが言い立てたほど長い期間に渡っていないことが証明されました。いずれにせよ、彼女は決して色恋に溺れる女性ではありませんでした。もし彼女が彼に愛情を抱いたとしても、彼女の心や知性を汚すことにはなりません。国王は名うての放蕩者でその上白痴だったのですから。国王の行為は常に寵臣によって管理されていたので、彼女たちも賞賛すべき熱意と同時に、自己防衛の本能からも国王を操ろうとしました。しかし直面せざるを得ない偏見に気づいていなかったため、彼らの取り入れた制度には、堅実な判断よりは慈悲心の方が目立っていたのです。彼らが国王に薬を飲ませて頭の働きを弱らせたという非難は、今でも信じられているのですが、あまりにばかげていて論駁する気にもなりません。迫害者はいっそのこと彼らが黒魔術に手を染めていたとでも訴えた方がましだったでしょう。魔力はいまだに効いていて国王の知性を呪縛しているのですから。

この操り人形の君主を見た時に受けた衝撃は筆舌に尽くせません。彼を操る糸はベアンストーフ伯爵の手にしっかりと握られています。虚ろな目で背筋を伸ばして座り、敬意を装いながら侮る廷臣たちの忠順の礼を受けていました。実際、彼は政府の決議書に国王の署名をするための国家の機械人形に過ぎません。危険を避けるために、国王の署名は王太子の連署がなければ無効です。誰が見ても国王は間違いなく白痴なのですから。時折、言葉や悪ふざけが出て痴愚というよりは狂気に見える時以外は。

人生とは何という道化芝居なのでしょう！　この王権の人形は、燭台のろうそく差しに達するまで命の火を燃やすことを許され、一方不運なマティルデは早過ぎる墓場へと急いだのです。

さようなら！

「虫[6]にとってのいたずらな子供のようなものだ、我々にとっての神々は。
神々はなぐさみ半分に我々を殺すのだ。」

第一九の手紙

今朝、仕事のために数マイル町を離れなくてはならなかった際に、老若男女の入り交じった群衆に出会って驚きました。フランス語を話す従者にわけを尋ねると、二時間前に一人の男が処刑され、その後で遺体が焼かれたとのことでした。恐ろしくなってあたりを見回さずにはいられませんでした――野原の緑は色を失っています――そして、見物から帰って来る身なりのよい子供連れの女性たちに嫌悪感を覚えて、目を背けてしまいました。人道に対する何たる見せ物なのでしょう！　そのような無益な見物人の群れを見て、誤った正義の観念がもたらす邪悪な影響について思いを巡らせました。そして、死刑が完全に廃止されるまでは、処刑に付随する恐ろしさのすべてを見せるべきだと確信しました。このような、興味本位の群衆を楽しませる場、好奇心のせいで人への思いやりがぬぐい去られてしまう場であってはならないのです。

私は常に、俳優が観客の面前で死を演じるのを許すことには不道徳な面があると考えていました。しかし、これは現実を見せ物として見物する残忍さに比べれば些細なことです。あらゆる国で民衆は、哀れな輩がいかに自分の役を演じるのかを見るために処刑場に足を運ぶのだと、私には思えます。罪人の運命に同情するため、まして彼にそんな悲惨な最後をもたらした道徳違反について考えるためであることはほとんどないのです。その結果、処刑は生きる人への有益な見せしめになるどころか、恐怖を抱かせるべき人の心をかえって硬くしてしまい、まったく逆効果であるとしか思えません。それに、恥辱的な死への恐怖が、誰かに罪を犯すことを思いとどまらせたことなどまったくなかったはずです。なぜなら、罪を犯しているうちに精神はその時の状況に応じた行動へとかきたてられるからです。それは一か八かの勝負で、誰もが自分にサイコロのよい目がでることを期待し、破滅するかもしれないなどとは実際にそうなるまでは考えたりしません。さらに、ノルウェーの要塞で目にしたことから、社会が立派に構築されていれば、人を大胆な悪人にするのと同じ性格の強さが、その人を社会に有益な人にしただろうとますます強く思うようになりました。強靱な精神が教養によって鍛錬されていない時に、それを不正に走らせるのは不公平感なのです。(1)(2)

しかし、コペンハーゲンで処刑が行われるのはごくまれです。温情のためよりむしろ臆病なせいで現政府の行政が麻痺しているのです。今朝死んだ犯罪人は、他の時ならおそらく死刑を執行されなかったでしょう。しかし、放火犯はあらゆる人の憎悪をかき立て、住民の多くが先日の大火でまだ苦しんでいたので、どうしても見せしめが必要だと考えられたのです。私の知る限りでは、火事は偶発的なものだったのですが。

ピット首相[3]のスパイの手によって燃えやすいものがほどよい間隔で置かれたのだと、真顔で教えてくれる人がいましたが、事実はそうではありません。事実の裏づけとして、多くの人が市のあちこちから一遍に火の手があがり風の助けもいらなかったと主張しています。陰謀説はこの辺までにしておきましょう。しかしどの国でも陰謀説を唱える人々は、「幻の土台のない建物」[4]の上に憶測を描くのです。この首相が本国で弾圧的権威を振るっている時に、彼自身の陰謀が魔法で呼び出されたようにささやかれ、世界を火の海にしようとした咎で、ヨーロッパ大陸や北欧でこれほど根拠もなしに告発されるのは、一種の因果応報の物語のような気さえします。

書き忘れていましたが、確かな人の話では、処刑場に二人の人間が来てグラス一杯の罪人の血を脳卒中の妙薬として飲んだそうです。私がその話を聞いた人たちの前で、かくもおぞましい人間の本性への冒瀆を批判すると、一人のデンマーク人女性が私をひどく咎めました。どうしてそれが病気の治癒法ではないと言えるのかと、さらに、どんな試みも健康のためには正当だと言うのです。お察しの通り、かくもはなはだしい偏見に囚われている人と議論はしませんでした。これを引き合いに出したのは、人々の無知蒙昧の特徴としてだけではなく、人類の名を汚すような状態を政府が野放しにしていることを非難するためでもあります。

(5)民間療法はデンマークに特有のものではありませんし、根絶やしにする手立ても思いつきません。それは打破された魔術の残骸に過ぎませんが、人体の構成部分に関する全般的な知識の習得が公教育に取り入れられるのを待つしかないのです。

火事以来、住民は混乱のさなかに埋もれてしまった財産を探そうと血まなこになっています。かつてはひとかどの人物と言われながら、社会全体の災害に乗じて焼け残ったものを盗む人々の多さには驚きます。あるいは、しなくてもよい区別をするのが得意な人たちは、見つけたものを持ち主を探そうともせずに隠すのです。ただ さすがに焼け跡の中だけで、それ以外のそこかしこで略奪品を探すのは気が咎めるようでした。

法が求めるよりも正直であることは多くの人に功徳と思われています。そして、最短の道で金持ちになりたいと願う策士は、常に法律の網の目をくぐり抜けることに腕を振るって来ました。身の危険さえなければ不正は一つの技芸であり、それは政治家や詐欺師によって完成の極みに達しています。二流の悪人は彼らの後を追うのに余念がありません。

今度の戦争中に行われた商業詐欺のことを知って苦々しい思いです。要するにどのような観点から社会を考察するにせよ、財産の崇拝こそが諸悪の根元だと私には思えます。当地ではそれによって人がアメリカのように商魂たくましくはならず、つましく用心深くなります。ですから、活発な産業の姿がこれほど見られない首都は初めてでしたし、陽気さについては、ノルウェー人のように威勢のよいところを探しても無駄なことでした。ノルウェー人はあらゆる点でデンマーク人に先んじていると私には見えます。この違いはノルウェー人がより自由であることに由来するのでしょう。その自由は親から受け継いだものだとノルウェー人は考えていますが、デンマーク人は自分たちの控えめな幸福を自慢する時にはいつでも、ベアンストーフ伯爵の英知に導かれている王太子の恩恵だと言うのです。それでも、封建的農地制は王国全土で終わりを告げようとしており、それと共に、農奴制がどれだけ改善されても消えるとは考えられない、あの浅ましい強欲も消えていくでしょう。

財産の主な効用が人から集める敬意という形の権威であるとしても、必要なものを削って財産を蓄えて喜ぶのは、最も不可解な人間性の矛盾の一つではないでしょうか。人がうらやむそのような優越性をひけらかすことは危険だろうとよく分かっていてさえそうなのです。これがすべての国の農奴の状況ではないのでしょうか。それなのに、金を貯めたいという欲望は、無益と認識されればされるほど強くなるようです。

デンマーク人の間で、生活の優雅な楽しみを手に入れるために富が求められることはないようです。趣味のよさの欠如がコペンハーゲンでは一目瞭然だからです。それは隠しようもなく、不運にもマティルデが娯楽を洗練しようとして、厳格なルター派信者の怒りを買ったと聞いても驚きはしませんでした。彼女が広めたいと願った優雅な趣味は、ふしだらと呼ばれてしまったのです。だからと言って、恋の手管が広まっていないので、妻はより貞淑で夫はより誠実であるとは思えません。当地では、恋愛は礼儀作法を磨くことはなく、家庭生活の魅力であり絆でもある信頼と誠実を追放して道徳を堕落させるようです。この町に長く住むある紳士は、下層の人々が陥るはなはだしい背徳行為をうまく説明する言葉がどうしても見つからないと言います。そして中流階級男性と女性使用人の乱れた恋愛は両者を著しく汚し、あらゆる種類の家族愛を衰弱させています。

私はいたるところで、男女の品行の特徴的な違いの一つに衝撃を受けて来ました。多くの場合女性は目上の人間に誘惑され、男性は目下の人間にもてあそばれるのです。地位と作法が女性に畏敬の念を抱かせ、ずるさと奔放さが男性を手なずけるのです。女性の情熱には野心が忍び込み、独裁支配が男性の情熱に力を与えます。ほとんどの男性は、王が寵臣に対する如く自分の愛人を扱うのです。ゆえに、男性は万物の専制君主であるということではないでしょうか。

また同じ話題を繰り返しているとお嘆きのことでしょう——そうせずにいられるでしょうか、波乱の多い人生の苦闘のほとんどが、私たち女性の抑圧された状況によって引き起こされているのに。私たちが感情を強く働かせる時は、理性を深く働かせているのです。

しかし、本題に戻って目にしたことをお伝えしましょう。みだらな傾向がかなり広く見られますが、これは生活の豊かさよりむしろ心の怠惰や鈍感な感覚に起因していると私には思えます。

生活の豊かさは若い精神の快活さが静まって強靱な心になる時に、人格全体を実らせることが多いのです。

男性は、父、兄弟、あるいは夫として考えてみて、家庭内の専制君主であると先に述べました。しかし父と夫による支配の間には一種の空位期間があり、それが女性が自由と喜びを享受する唯一の時なのです。互いに惹かれた若者たちは、友人の承認を得て指輪を交換し、ある程度の自由を共に楽しむことが認められていますが、これは他の国ではまったく目にしたことがありません。したがって求婚期間は、結婚の機運が完全に整うまで長く続き、親密度がたいへん深くなることがよくあります。そして恋人が夫の特権を獲得するとしても、それは半ば公然の秘密としか言いようがありません。家族は見て見ぬふりをしているのですから。この名ばかりの婚約が解消または破棄されることはほとんどありません。婚約不履行は汚名とされ、結婚誓約違反ほどの罪ではないにせよ、より恥ずべきことと考えられています。(6)

忘れないでいただきたいのは、私の大まかな見聞記で国民性を描写しようなどというつもりはなく、世界の進歩をたどりつつ、風紀や作法の現況を書き留めているだけなのです。さまざまな国に滞在中の主な目的は、人間の本性について正しい認識を形作る公平な人間観を得ることだったのです。そして率直に言えば、フランスに行く前に北欧を旅行していれば、フランスの虚栄と腐敗についての評価において、私はあれほど辛辣にはならなかったはずです。(7)*

反旗を翻す人々の勇気は興味深く描かれることが多いのですが、さまざまな民衆闘争が生み出した情熱に関する記述を除いては、それは誤っているのではないでしょうか。私たちはフランスの腐敗について語り、国家が旧態依然たることを力説します。しかし、この二年間よりも高潔な熱意が、フランスの人民によって、またその軍隊において示されたことがあったでしょうか。私は時折、この目で見たあるいは事実として聞いたその無数の実例を思い出して、恐怖政治についての見聞と相殺せざるを得ないことがあります。ああ！　しかしまぎれもない真実なのです。ですから、いつ見ても愚直な慣習と結びついていた粗野な悪徳は、無知の付随物だと考えたくなるのです。

たとえば、異教やキリスト教の体系において、信心とは理性の本質とは相容れないものへの盲目的な信仰以外の何ものであったでしょうか。理性の命に背くことが最高の美徳と目されるならば、哀れな理性は大きな進展をなし得るのでしょうか。改革を説くルター派は、カトリックと同じ土台の上に高潔という評判をうち立てました。しかし、礼拝や他の式典に常時参加することで、彼らが情愛の点でいささかでも誠実になったり、個人の取引において正直になるとは思えません。人々が理性を行使しても、他人から受け入れるあらゆる原理の判断基準となる自らの原理の獲得

＊『フランス革命の歴史的・倫理的考察』参照。

まで至らない時、宗教の命ずるところによって言い逃れることは、人の作る法律によってそうするのと同様、実際、いともたやすいことのようです。

旅をすることが教養教育の仕上げとして合理的な根拠で採用されるなら、洗練されたヨーロッパの各地域よりも先に北方の国々を訪れるべきでしょう。習慣作法の知識ですら学問の初歩として役立つでしょう。それは諸国のさまざまな違いをたどることでしか獲得できません。しかし遠い地域を訪問する時は、その社会への一時的な共感が最終的な理解に影響を及ぼさないようにすべきです。旅行者、特に娯楽目的の人々は厚遇を受けて、ある国の長所を誤って評価することが珍しくありません。その長所はその国の科学の進歩と正確に比例していると今は確信しています。

さようなら

第二〇の手紙

フランス人は芝居見物(1)に熱を入れ過ぎると、以前に非難したことがありました。彼らがそのせいでうぬぼれの強い非人間的な性格になっていると思えたからです。しかし、何と言っても、パリ市民の中に街娼が姿を見せることは、英国の劇場近辺同様にまったくありませんので、一週間貯めたわずかな金を黒ビールやブランデーで酔ったり心を麻痺させたりするより、日曜日ごとの劇場に使う方が有益であることは認めざるを得ません。フランスの民衆は他の国すべての同じ階層に、まさにこの点ではるかにまさっています。パリ市民の節度さえあれば、その休日は趣を増し、酒が入るとたいてい不快や危険になるお祭り騒ぎもそうはならないのです。酩酊は野蛮人の楽しみであり、能力を発揮するよりも元気を使い果たすのに懸命な人すべての楽しみです。実際これこそが、英国でも北欧諸国でも社会(2)全体の発展の最大の障害と目される悪徳ではないでしょうか。当地では、飲酒は喫煙とならんで男性の主要な気晴らしです。しかし、女性は代わりの大衆娯楽もないのにたいへん節度があります。例外としなくてはならないのは一つ[3]の劇場ですが、そこはあまり必要とされていないようです。出かけてみると半分も席が埋まっておらず、女性客も女優も衣装に趣味のよさがさほど感じられませんでした。

その劇は『偽医者』[4]の筋書きを下敷きにしていて、実にうまい役者たちが演じた従者の身振りから想像すると滑稽な内容でした。バラットと呼ばれる笑劇は一種の無言劇で、その子供じみた筋立てがデンマーク演劇芸術の現状と観客の洗練されていない趣味を如実に物語っています。鋳掛け屋の変装をした魔法使いが、女たちが忙しくアイロン掛けをしている小屋に入って来て、汚れたフライパンを亜麻布にこすりつけます。女たちは非難の声をあげて踊りながら彼を追い回し、夫たちをけしかけると彼らも加わり先頭に立って追いかけます。鋳掛け屋はフライパンを盾代わりに使って、追っ手が動けないようにして彼らの頬を黒く汚していきます。夫たちは自分の顔を棚に上げて他の人を見て笑い、そのうち女たちも入って来てこの「すてきな気晴らし」と呼ぶ遊びを楽しみ、似たようなできごとが続きます。

歌も踊りと似たり寄ったりで、歌は優美さに欠け、踊りは表情に欠けています。しかし楽団は立派に役割を果たしていて、器楽は歌にはるかにまさっています。

同じく公立図書館と博物館、それにローゼンボー[5]城も訪れてみました。現在住む人のいないこの城は、どこも一種陰鬱な威厳に満ちています。広々とした部屋の静寂が絶え間なく伝わって来るのです。少なくとも私にはそれが感じられます。そして自分の足音に聞き耳を立てるのです。一種のとりとめのない迷信の言う通りに、真夜中に死を刻む時計の音を聞こうとした時のように。すべてのものが私を過ぎ去った時へと運び去り、私の心にその時代のありさまをまざまざと刻みつけました。こんな見方をすれば、古い城やその色あせた家具の保存は意味のあることです。歴史を記録する書物と考えられるからです。

今は亡き偉大な人々が残した虚無が目の届くあらゆるところに見て取れ、壁には闘いや行列が描かれ、殺戮からの帰還後、興奮さめやらぬ酒宴をここで催したり、壮麗な隊列を解いて楽しみを求めた人々のことを伝えています。それは巨大な墓のようで、時を演じ尽くし、あるいは働き尽くし、勝ち取った愛や戦《いくさ》を称える綴れ織りの中に織り込まれた人たちのおぼろげな幻影に満ちていました。彼らはもう存在し得ないのでしょうか――私の想像力がこのように生命を吹き込んでも。こんなに多くの名残りがとどまっているのに、その思いがすっかり消え去ることがあり得るのでしょうか。思考や感情のこれほど気高い素材で作られていたその存在、彼らは地水火風の中に溶け込んで、壮大な生命の塊を動かし続けているだけなのでしょうか。そんなことはあり得ないはずです！　――大広間の上座に置かれた大きな銀のライオン像ですら思考や判断をしているとたやすく信じられるのに。しかし、去れ！　汝ら白日夢よ！　――まだなお、この不思議な品々についてはあなたに伝えきれません。

飾り物や宝石、偉丈夫が振るったに違いない剣などに満ちた飾り棚がありました。戴冠式用の装飾品がひっそりとここで出番を待っています。そして衣装部屋には、かつてそのような儀式を彩った衣装が展示されています。これらのものを人知れず朽ち果てさせるよりも、俳優に貸し出せばよいのにと残念に思いました。

他の宮殿は訪れませんでしたが、ヒアスホルム宮殿には行ってみました。庭は趣のあるしつらえで、この国では最上の景観です。当世風の英国様式なので、愛する故国の面影を自分の周りにいくつも作ろうと願ったマティルデの足跡をたどる思いがしました。また、デンマーク王の庭園の一部に小さく造られたノルウェーの風景がうまく溶け込んでいるのを見てうれしくなりました。農家が上手に再現されて、全体が心地よい印象を醸し出しています。特に私のようにノルウェーが――その平和な農場と広大な原野が――大好きな人間にとっては。

公立図書館(6)には思っていたよりはるかに多くの本が収蔵され、巧みに配列されています。アイスランド写本の価値は判断できませんが、そのアルファベットを見て楽しくなりました。人間が自分の考えを後代に伝えるために、いかに多くの労力を注ぎ込むのかを見せてくれます。人生のありふれたできごとに疲れを覚えさせるある種の感情の繊細さを、人が身につけるのは大きな不幸だと思うことが時折あります。しかし、おそらく人類に貢献した営為のほとんどを生み出して来たのは、やはりこの感情と思考の繊細さなのです。多分、才能の持つ病とでも言えばふさわしいのでしょうか。それは特有の憂鬱を引き起こし、[7]「成長と共に成長し、力と共に力を増す」のです。

王立博物館には素晴らしい絵画がいくつかあります——びくっとしないでください——作品名を羅列したり、名画家についてのつまらない批評であなたを困らせるつもりはありませんから。彼らは時を経て、名声の殿堂にふさわしい場所がそれぞれ与えられています。この国の存命の画家の作品が一枚でもあれば、それらをよく見て、私が描くこの地の現状の素描に取り入れることができたのですが。絵は額縁で分類されているので、名作も凡作も区別なく混在しています。同じ過ちは[8]パリに建設中の壮麗な美術館でも顕著です。画家の流派を、芸術発展上の発見や進歩を示すように配列すべきであるのは、分かりきったことだと思うのですが。

ラップランド人の衣服、武器、道具が目を引きました。最高の部類に入る創意工夫を示していて、精神の理解力と言うより不屈の忍耐力の証となっています。博物学の標本と物珍しい芸術作品が、例によって系統的に整理されないままに混在し、何の役にも立たなくなっています。しかし、これは火に包まれた王宮から移された際の慌ただしさのせいもあるのでしょう。

当地には立派な科学者が何人かいますが、文人は少なく芸術家はさらに少数です。彼らには励みとなるものがなく、残念ながら現状を見る限りでは、人知れず長く衰退の一途をたどるでしょう。富の虚栄心も商業の冒険精神も、まだこの方面には視線を投げかけてくれないのです。

さらに、王太子は倹約に努めようとするあまり吝嗇に陥りかけています。そして臣下を悩ませまいと気を遣い、かえって彼らを意気消沈させているようです。王太子はいつもよかれと思っておいでのようですが——しかし、荘厳さや優美さに欠ける退屈な宮廷の日常ほど、心の活力すべてを蝕む重苦しさを、脳裏に強く刻みつけるものはありません。

今考えてみれば、王太子は誠にほどよい能力をお持ちです。しかしとても気立てがよいので、ベアンストーフ伯爵は王太子を望むがままに御しやすいと思っているのです。私には伯爵は、黒幕として姿を隠すことのほとんどない本当の主権者に見えます。王太子には、性格形成の前によく見られる若者特有の頑迷な自信過剰はまったくありません。王太子と妃殿下は、食卓を二つ用意する無駄を省くために、毎日国王と食事をなさいます。人間の尊厳を失った存在を王として扱うのは、何たる茶番劇としか言いようがありません！　しかしベアンストーフ伯爵の理念すら、この淀みきった欺瞞を甘受しているのです。彼は時にはそれに乗じて、国王に意思も記憶もないことは周知の事実なのに、国王すなわち主君のご意志であると述べて、自身の取捨選択の色合いを薄めるのです。国王の利用の仕方は、口やかましい妻が夫を利用するのとよく似ていると私は見ました。彼女たちは自分のかかあ天下ぶりを隠そうとする時には、夫に従うことの必要性を長々と話すのです。夫たちは決して欲することを許されない哀れで従順な存在なのです。

当地ではかつて国王が一(9)匹の犬を国家顧問に任命したという話が伝わっています。ことの起こりは、いつも国王の食卓のそばで餌を食べていたその犬が、ある老臣の皿から一片の肉をさらった時に、その臣下がお犬様《ムッシュー・ル・シャン》には国王殿下と食事を共になさる特権はございませんと言って、おどけてその犬を咎めたことにあります。その特権は国家顧問の栄誉に付随するのです。

実は王宮の火事は、王家の歳入に対して肥大し過ぎていた王室の編成を縮小する口実を与えた点で、幸いなできごとでした。現在、王太子はまったく反対方向への動きを進めています。そして吝嗇ではないにせよ、王宮の堅苦しさが社会のいたるところにまで広がっている様子を目にする機会がありました。ただ、よその人に接する際に手厚くもてなす彼らの特徴はそのままです。

でもこの辺で筆を擱きましょう。少し不公平で、憂鬱な偏見の目ですべてを見ているかもしれません――悲しいのです――その理由もありますし。

神の恵みがあらんことを！

第二一の手紙

ベアンストーフ伯爵[1]と面会しました。その話しぶりから、かねて思っていたような——つまり、コペンハーゲン到着以来考えていた通りの人であることが分かりました。彼は尊敬すべき人物で少しばかりネッケル[2]を気取っているところがあり、善行を積みたいと願うよりは、悪行を働かずに批判を避けることに意を注いでいます。何か特定の善をなすのに変革が必要とされる場合はなおさらです。要するに用心深さが彼の性格の基本のようであり、政府の方針から判断すると、臆病につきものの注意深く周到な気質があると思います。かなりの博識で手腕はなかなかのものです。さもなければ大臣にはなれなかったでしょう。世評には細心の注意を払い、人望を失うまいと固く決意しているため、ストルーエンセのように壮大な失敗をしたり、天性の行動力で人心の沈滞した状況を乱したりすることは断じてないでしょう。

二年前に招待を受けてラヴァーター[3]が伯爵を訪問しましたが、それは王太子の心にキリスト教をしっかりと根づかせるためだと言う人もいました。ラヴァーターはその時伯爵の顔に、第一級の政治家であることを証明する目鼻立ちを見いだしました。なぜなら彼は、自分や自分の仕事に一目置いてくれる高い地位の人の顔立ちに、偉大な性格を見る術を心得ているからです。さらに、フランス革命についての伯爵の意見がラヴァーターのものと同じだったので、彼の伯爵への賞賛は揺るぎないものとなったに違いありません。

デンマーク人は一般的に革新をひどく嫌っているようです。そして、もし幸福とは単に考え方次第であるのなら、彼らは世界で最も幸福な国民です。自らの境遇にこれほど満足している国民を他に見たことがありません。しかし、気候はたいへん過ごしにくく感じられます。天候は乾燥して焼けつくように暑いか、湿気があって寒いかですので。大気には身の引き締まるような爽快な清らかさ、ノルウェーではそのお陰で厳しい気候に立ち向かう気になれるのですが、あの清らかさがまったくありません。ですからこの地の人々が冬について楽しそうに話すのを耳にすることはありません。ノルウェー人がいつもそれを話題にするのとは逆に、デンマーク人は何の慰めもない冬の厳しさを恐れているようです。

城壁は心地よい場所で、大火の前はなおさらそうだったに違いありません。散歩する人が立ちこめる埃に悩まされはしなかったでしょう。今は、少し風が吹くだけで焼け跡から埃が舞い上がります。風車、その隣の住み心地のよさそうな粉屋の家、広々とした兵士や水兵の兵舎が見えると散策はいっそう楽しくなります。この国の景観には、その広さと耕作地以外にはじっくり見ることをお勧めすべきものはさほどありません。しかし、緑の平野は、特に大都市に住んでいる場合は、いつも目を楽しませてくれますから、この木陰の散策路は国家が住民にもたらした長所の一つに挙げられるべきでしょう。やはり一般に公開されている王宮の庭よりも私はこちらの方が好きです。王宮の庭は街の中心部に埋没しているようで埃が集まるのです。

街路と交差する運河も同様に便利で清潔です。しかし、街から望む海の眺めにはほとんど興味を引かれませんでした。他方、これまでの旅で目にして来たさまざまの力強く絵のように美しい海岸は、鮮明に記憶に残っています。それでも、めったに国外に出ない当地の富裕な住民は、海に近いのでより快適に過ごせる場所を探して別荘を建てなくてはなりません。

コペンハーゲンで最高の街路の一つは、政府が建てた病院が並んでほぼいっぱいです。他の国のこの種の施設同様、うまく運営されているのは間違いありません。しかし病院あるいは救貧院が、どこであれ十分に博愛精神で管理されているかどうかについては、疑念を挟む余地が多々あります。

この秋はまれに見るよい天候ですので、ハンブルク(4)への移動をあまり先に延ばしたくありません。天候が突然変わって、ここで冬の冷たい先触れに捕まりたくはないのです。私をここに引き留めるものは、紹介状を携えて訪れた家々の親切なもてなし以外にはもう何もありません。滞在した宿は大きな広場にあり、そこでは軍隊の訓練が行われ、市が開かれています。部屋はとても快適でした。大火のせいで高く請求されるだろうと言われたのですが、今しがた支払いをしたところではノルウェーに比べて食事はあらゆる点でよかったにもかかわらず、ずっと安い代金でした。

　コペンハーゲン到着以来、見知らぬ土地ではそうではなかったはずなのに、思ったよりくつろいで過ごしました。しかし精神は、いつもそれほど活発に見聞を広めようとしているわけではありません。私のふさぎ込んだ心は嘆いてばかりいます。

「(5)何と退屈、単調で無益なのか
私にとってこの世のならわしは――
ああ、こんなことになろうとは！」――

ごきげんよう！　どうかお元気で――できるなら、違う音色のさようならを返してください。

第二二の手紙

コペンハーゲンを離れた日の夜にコアセアに着き、翌朝大ベルト海峡[1]を渡る予定でした。ただ、天候はやや荒れていました。およそ二四マイルの距離ですが、私も幼い娘もこれまで船酔いに襲われたことはありません。ただ、退屈を紛らすことはできません。馬を乗り換えるのと同じように何も気にせず船に乗ります。危険については、来る時には来いという思いです。先の不安を抱くほど怖い気持ちはありません。

コペンハーゲンからの道はとてもよく、広々とした平坦な田園地帯を抜けていました。お見せしたいと思うものはほとんどありませんが、耕作地だけは別で、目以上に心を楽しませてくれます。

運搬船で、あるドイツ人男爵と乗り合わせました。彼はフランス軍がライン川[2]を越えたという情報に不安を抱いて、デンマークの旅から急いで帰るところでした。彼の話は時間を紛らし、イェーテボリに戻って以来ますます塞ぎ込んでいた私の気持ちにある種の刺激を与えてくれました――あなたにはなぜだかお分かりでしょう。私は何度も自分を奮い立たせて旅の観察をしようとしました。おそらく二度と見ることのない景色の中を通り過ぎているのだから、観察を怠ってはいけないと言い聞かせました。それでも夢想に耽っては、言い訳を考えるのです。精神の拡大や感情の洗練はほとんど無益で、いたるところで私たちを待ち伏せし、賢明な知恵をすり抜け信念を空しくする悲しみの矢にとげをつけるだけだと。たとえ、その矢を私たち自身の心を守る防御壁と見なせようとも。

最良の風ではなかったのですが、海上にいるのは三時間半ほどですみました。夕食のためにお腹をすかせるのにはちょうどよい時間でした。

その日の残りと続く夜は同じ顔触れで一緒に旅をしました。前にお話ししたドイツ人紳士、その友人、そして従者で、駅舎で一緒にいるのは、いつも知らない言語ばかり周りで聞いていた私にとって楽しいことでした。マルグリットと娘は眠ってしまうことが多かったし、彼女たちが起きている時でも、考えを巡らすことに共通点がないのでやはり自分を孤独に感じることもありました。実際、マルグリットは女性たちの衣裳、とりわけ頭と腰の後ろを飾るパニエ*(3)に興味津々で

＊　フランス語では籠と張り骨の両方を意味する。

した。そして、懐かしいパリ市内に再び戻ったら家族に話そうとため込んでいた話を、とても楽しそうに聞かせてくれました。その顔には、フランス人特有のあのいたずらっぽい愛すべきうぬぼれが浮かんでいます。彼らは半ばばかにしながらも、それを顔に出すのです。それを見て、彼女が友だちに海と陸を巡った旅のすべてを伝える時は、きっともったいぶって話すのだろうと思わずにはいられませんでした――集めて来たコインを見せたり、外国語の言い回しを、生粋のパリ訛りでつまりながら言ってみせたり。何も考えない幸せ。そう、そして、うらやましい無邪気なうぬぼれ。それはこうして、私の哲学すべてにも値する楽しい気分《ゲテ・ド・クール》を生み出してくれました。

コペンハーゲンで雇った男性の助言では、風向きが逆なので小[4]ベルト海峡の横断は避けて二〇マイルほど回り道をして、渡し船を使うだけにする方がよいとのことでした。しかし紳士方は聞き入れようとはしませんでした。後になって、全員がそれを大いに後悔する羽目になりました。海岸に近づくために始終風上に向けて舵を切り返しながら、一〇時間も小ベルト海峡で立ち往生したのです。

同じような手落ちのせいで、航海はとても退屈と言うよりほとんど耐え難いものになりました。大ベルト海峡で乗船した際は、長時間の拘束に備えて食べ物を用意しておいたのですが、それには手をつけることがなかったので、次の航海にはそんな用心は必要ないと思ったのです。「小」ベルト海峡という名前に惑わされたのですが、その後この海峡が最も時間のかかることが多いと教えられました。この失敗がたいへんな面倒を引き起こしました。とうとう娘が食べ物をほしがってつらそうに泣き出してしまい、私は目の前に哀れなウゴリーノ(5)と飢えた子供たちの幻を見る思いさえしました。そして、文字通り彼に共感してぞっとする思いに包まれ、幼い娘が涙をこぼすたびにその思いは強くなりました。ようやくそれが治まったのは、上陸してパンと一鉢の牛乳の昼食によってあの幻想の亡霊が追い払われた時でした。

その後、同行の人たちと夕食を共にしましたが、彼らとは、もうすぐ別れて再び会うことはないのでしょう——いつも実にもの悲しい、死別と同じような思いを抱きます——一種の魂の別離です。運命によって離ればなれになる人が残すあらゆる悲しみは、自分自身から引きちぎられたもののように思えるのです。この人たちは記憶の中の他人です。それでも、表情に何か独特なものがあれば、私たちの追憶に刻まれます。旅の道連れに過ぎないせよ、興味を抱いてすぐにご縁が切れるのは悲しいことです。実際、同行の紳士のうちの一人には、容貌と話しぶりにかなりの知性とそれを上回る感受性を感じたので、その方と旅の残りを同行できなくなったのは残念でした。彼はフランス軍より先に自分の屋敷に到着したかったので、早馬で行かざるを得なかったのです。

この宿は、これまで泊まったいくつかの宿と同じく快適でした。しかし、先日までスウェーデンやデンマークの素晴らしい道路を滑るように走っていたので、ぬかるんだ砂混じりの道にはとても疲れました。この国はイングランドの最も広々とした地域に似ています。放牧より穀物栽培用に地割りがされていて、それが心地よいのです。しかし、眺めまわしても、初めての国独特の特色を見せて好奇心をそそるものはほとんどありません。ノルウェーではよくそれに心を奪われたものでしたが。囲い込みが行われていない広大な土地を何度も通りましたが、風景を美しく飾る、あるいはわずかでも活気づける木々の姿はありません。あまり整備されていない道路には、道標が必要と思われました。荒野に立てて、旅人が道を大きく外れて疲れやすい砂地をとぼとぼ歩くのを防ぐために。

荒野はわびしく、スウェーデンやノルウェーでは時を忘れさせてくれた野生の魅力は何もありません。身のすくむような岩が目を奪い、ほほえみかける草木が遠くから香りを放って、荒野の距離を忘れさせてくれることもありません。しかし、人口はこの国の方がはるかに多そうです。また、農家はともかく町はノルウェーにまさっています。この国の住民は知性もすぐれているとすら思えました。少なくとも、彼らの表情には北方の旅で目にした以上に活気があることは間違いありません。彼らの感覚は仕事と娯楽に鋭敏なようです。ですから、勤勉な人々の昼間の忙しそうなざわめきと、夕方の陽気で楽しそうな物音を再び耳にしてうれしく思いました。まだ気候がよいので、女性や子供は戸口で遊んだり、通りのあちこちに植えられている木の下を散歩したりしています。そして、名の通った町の多くは、バルト海の小さな湾や入り江に面しているので、近づいていくとたいていその景色はさながら絵のようでした。町に入ると、豊かな気品とまではいかないにせよ、くつろいだ環境のもたらす安らぎと清潔さを見せています。しかし、中でも通りの人々の元気な姿はありがたく感じました。デンマークの通りは死んだように静かで心が沈み、どの家を見ても墓を思い浮かべていましたので。小作農民の服装は風土に適しています。つまり、見ていて気分が悪くなるあの貧しさや汚らしさがないのです。

馬を代え食事をして眠るためだけの投宿でしたので、目で集めた情報から引き出せる推論以上に、この国について知る機会はありませんでした。それでも十分に、スウェーデンやデンマークで見たどの町よりも、むしろ今通過している町のどれかに住んだほうがはるかによいだろうと思いました。この国の人々は、その能力が花開く時期に到達しているという印象を受けました。つまり、彼らは進歩に敏感なようで、怠惰によって停滞することもなければ、不幸に屈服して卑屈になることもないようです。

どこから得たのかほとんど思い出せないのですが、以前の印象からは、ドイツ(6)のこの地域でこれほど満ち足りた状況に触れるのはうれしい驚きでした。かつては小君主が専制を敷いて国全体の顔を陰気なヴェールで覆っていると考えていたのですが、そんな想像は太陽の前の夜の闇のように霧散しました。現実を見るにつれて、おそらくそこに潜む多くの悲惨なありさま、無知ゆえの苦難がもたらすものを見いだしていたことでしょう。もし詳細な点について調べる時間があったなら、間違いなくそうだったはずです。しかしそれが蔓延して、私が目にするものの表面を汚しているわけではありませんでした。そうです、一般大衆の知識が相当この国に行き渡っていることは間違いありません。精神の鍛錬によってのみもたらされる、人々の身体の活発な動きを見てそう推測しました。実際、デンマーク王支配下のドイツ領ホルシュタイン公国は、私の視界に入った王国の他のどの地域をもはるかに凌駕しているように見えます。そして逞しい百姓たちは、デンマークの小作農民のいわば無為な時間の代わりに、引き締まった筋肉を持っているようです。

[7]ヘッセン＝カッセル地方伯カールの居住地シュレスヴィヒに到着して兵士の姿を目にすると、この国へ足を進めるにつれていつの間にか忘れていた、ドイツ独裁政治にまつわる嫌な思いのすべてがよみがえりました。彼らが殺戮したりされたりするために身を捧げる訓練をしているさまを、憐れみと恐怖の入り交じった気持ちで眺め、以前からの持論に思いを巡らせました。個ではなく種の保存こそが、自然を通じてあまねく見られる神意なのだと。花はただ萎れるために咲き、魚は食い尽くされる場所に卵を産みます。そして人類のうちの何と多くが、ただ若死にするためだけに生まれて来ることか。うら若い生命のこうした浪費は、集団ではなく個としての人間の生存こそが、この宇宙の壮大な計画の成就に欠かせないことを、断固として主張してはいないでしょうか。子供たちは生をのぞき込み、苦しみ、死んでいきます。人はろうそくに群がる蛾のように戯れ、炎の中に落ちていきます。戦争、そして[8]「肉体が受けねばならぬ数々の苦しみ」がお

びただしい数の命を刈り取ります。その一方で社会のさらに残酷な偏見は、緩慢ながらもやはり着実に衰えをもたらし、生存を麻痺させます。

城は重々しく陰気ですが、周囲の敷地にはいくらか風情が凝らされています。そびえ立つ木々の下を曲がりくねって歩いていくと整然と造られた活気ある町に出ます。

跳ね橋を渡って、中庭を囲むこの小さな建物を見るために中に入り、単に階段と言っては礼を失するような重々しい一段一段を登りました。そこを大勢の兵士が火打石銃を担いで隊列を組んで登り、広い回廊で訓練をしたのでしょう。その回廊には、ヘッセン＝カッセル家のあらゆる世代の諸侯が呼集され列をなしたのかもしれません。ただ、彼らが領地を維持するために引き替えにした、不運な兵士の幽霊は呼べなかったでしょう。その霊妙な存在が、ミルトン(9)の描く堕天使のように、場合に応じて身体を縮めたり大きくしたりできない限り。

謁見室(10)、そして玉座をまねた肘掛け椅子を覆う天蓋の様子にはほほえんでしまいました。まさにこの世はすべて舞台です。そこでは丸暗記して覚えた役割を演じない人はほとんどいません。そうしない人は、運命によってつぶてを投げつけられる標的のように思えます。あるいはむしろ、自らは泥と埃の只中に立ちすくむよう強いられつつ、他の人に道を教える道標でしょうか。

馬を待つ間、女性たちの服装を観察して楽しんだのですが、かなり異様で不格好でした。デンマーク同様ここでも流行している美しさの基準は、夏にはとても不都合なものとしか思えません。

それは身体のある部分を豊かにすることにあるのですが、そこは本来自然の手になった時は一番細いところではないのです。このオランダ人の変わった好みによって、女性は多くの場合一〇枚とか一ダースものペチコートの重さに喘ぐことになります。それに巨大な籠としか言いようのないボンネット、つまりペチコート同様とてつもなく大きな麦わら帽子もあります。これでは人間らしい姿も、多くが人に見せるに値するゆかしい[11]面影もほとんど隠れてしまいます――それでも彼女たちは清潔に見えますし、風がある時は、私ならほとんど持ち上げられないような装いの重みでよろけんばかりにして歩いています。私が出会った田舎の娘たちの多くはかわいらしく見えました。つまり、肌のきめが細かく目が輝いていて、おませな村娘特有の、ある種おちゃめでおてんばな陽気さがあるのです。村の若者たちが、日曜日の晴れ着に身を包んでこの美しい娘たちにつき添っていることもあり、服はかさばってはいないのですが、娘たちよりも前かがみになって歩いていました。作法を洗練する先頭に立つのは、どこでも女性のようです。それが彼女たちの境遇を向上させる唯一の道だからです。

この旅を通して目にしたことから判断すると、イングランドの貧しい人々の状況は、世界の他の地域の同じ階層よりたとえいくらかは恵まれているとしても、それほど差があるとは思えません。そしてアイルランドでは間違いなくはるかに劣っています。私はイングランドの以前の状態のことを言っているのです。現在、国家の富は蓄積されても貧しい人々の苦労は増えるばかりで、慈善が大いにもてはやされているにもかかわらず、富裕層の心は冷淡になっています。

ご存じのように、慈善と称されるものを私は常に敵視して来ました。そうやって自分の原罪を隠そうと努める臆病な偽善者は正義に背き、ついには半ば神のごとくふるまって自らが人間であることを忘れてしまうからです。また、[12]天に宝をたくわえることを考えもしない人もいます。その人たちの慈悲心は横暴の偽りの姿に過ぎません。彼らは最もつまらない人間を助けます。一番こびへつらうからです。そして、おもねる具合に応じてのみその人たちをかわいそうだと言うのです。

シュレスヴィヒを発ってから、私たちはいくつかの美しい町を通り過ぎました。なかでもイツェホーはとても気に入りました。田園地帯は相変わらず同じ様相を呈していましたが、樹木や囲い込みが多く見られ、土地利用が進んでいました。しかし一番うれしかったのは人の数です。四、五時間の間、一台の馬車にも、また農夫にもほとんど出会わない旅にはうんざりしていました――それにスウェーデンで目にしたようなひどいあばら屋に泊まると、それだけでどんな心も凍りつき、同情に目覚め、世界のこれからの進歩という、私が好んで思い巡らす主題に陰鬱な影を投げかけるのです。

農家も同様で、大きな馬屋があり、馬の休息と給餌の際に乗り入れましたが、清潔でゆったりとしていました。それぞれの部屋には倉庫を兼ねたこの大広間のような馬屋につながるドアがあって、立派な造りです。また、家族全員がこのように一つ屋根の下に居心地よく暮らしている姿には簡素な趣があり、それを見て空想が太古の時代にまでさかのぼりました。その時代はおそらくさほどの金色の輝きには包まれていなかったはずです。それは想像に駆り立てられ、よい面しか捉えられない時に目に浮かぶものなのです。

そのような農家の一軒で、もの憂げで透き通るような青い目をした若くて美しい女性が、たいへん感じのよい居間に案内してくれました。そして私の娘がゆったりとした薄手の服を着せられているのを見て、とてもやさしい口調でかわいそうだと言い始めました。娘の頬にある健やかなバラ色の産毛は目に入らないようです。日曜日だったので、この少女は趣味のよい大人びた感じもする綿の上着を身につけていて、凝った配置の青リボンの飾り結びがきめ細かな肌を引き立てています。しばし、賞賛することも忘れて見入っていました。身振りのどれもが優雅で、他の村人の中にいると、畑の穀物や花の間に突然頭をもたげた花壇のユリのようでした。小さな家でしたので、いつも給仕の女性に出すよりもいくらか多い心づけを彼女に渡しました。座りませんかとお願いしても聞いてくれなかったものですから。彼女は笑みを浮かべて受け取りましたが、娘に一切れのパンを運んで来た少女に気遣いを見せて、私の面前で心づけを渡すのでした。それを見て、彼女はこの家の女主人あるいは娘なのだと分かりました――それに、疑いもなくこの村一番の美人であることも。とにかく、陽気で勤勉な様子と苦難を締め出すほどの満ち足りた様子が、ハンブルクに近づくにつれてどの小さな村落にも見られ、心地よい驚きを覚えました。フランスでもそうですが、こちらの女性が着ている短い上着は単によく似合うばかりでなく、畑仕事や家事をこなす女性のことがよく考えられていて、イングランドで着用されている土を引きずるほど長い服よりもはるかにすぐれています。

道路沿いの宿屋はどれも思っていたより快適でした。ただ、ベッドが柔らか過ぎるのには相変わらず悩まされ、なかなかよく休めませんでした。翌日の疲労に耐えられるように休息が欠かせないことが多かったのですが。宿代は手頃で人々はとても親切です。その物腰には誠実で陽気なところと自立心が少なからずあり、彼らが宿の従業員、つまり下男、給仕、女中頭、部屋係の女性などや馬丁に至る人たちであることをほとんど忘れるほどでした。これらの人々はイングランドではずるがしこく卑屈で、とりわけ不愉快に感じられます。

遠くからのハンブルクの眺めは、木々で覆われた素晴らしい道路ともども、思っていたよりははるかに心地よい都市を見られるのではという期待を抱かせました。

このような中心地では目下押し寄せる大勢の来訪者のために、安宿にすら宿泊するのが難しいことは分かっていましたので、翌日アルトナに行って逗留する宿を探すことにして、今は休息さえできればと考えました。しかし、たった一晩の宿を探すだけでもたらい回しにされ、やっとのことで泊まれる空き部屋を見つけたのですが、それは選べる余地があれば、うんざりして顔を背けたに違いないようなところでした。

この類の些細な災難がもたらす以上の不快感を引き起こすものはなかなか思いつきません。不快感と言っても一時の気苦労のことで、それは時を経て思い出すと喜びを大きくしてくれるのですが。ある特定の場所に目を向けて長旅を続けた後、そこに到着して期待通りのものを何も見つけられないと、いらだたしくなって高まった気持ちは沈んでしまいます。しかし、昨年[13]の春、家に戻った時に考えられないほどひどい失意を経験した私は、断固としてこれらを一時の気苦労と呼びたいのです。人の心のいくつかはどんなものでできているかご存知かしら。私は子供のようになって、思い出しては涙をこぼすのです。――私を傷つけ茫然とさせたあの悲しみは今も癒えていない――でも、あどけない無邪気な頬がこんな苦悩の涙で濡れることは一度もなかった――それなのにどうして私の頬は涙に濡れるのかしら、罪の恥ずかしさで赤く染まったことなどない私の頬が。子供のように無邪気で疑うことを知らない私が、なぜ同じように何も考えない幸せを味わえないのでしょうか。

さようなら！

第二三の手紙

ハンブルクに到着した最初の晩は、外の空気から隔てられて騒音と埃の中に閉じこめられ不快な思いをしましたが、もしアルトナに直行していれば、それは味わわなくてすんだのかもしれません。アルトナでは、旅の間に親切な言葉をかけてくれたある紳士が、すでに宿の手配をしてくれていました。知的で親切な人だったので、コペンハーゲンからの旅をこの紳士と共にできたらよかったのにと思っていました。しかし彼は仕事の都合で先を急がなくてはならなかったので、私とおちびさんが泊まる場所を探すのは難しいかもしれないと知ってすぐに、宿の手配について彼に手紙を書いたのです。

ハンブルクからアルトナへはほんの短い道のりで、列をなす並木の木陰を楽しく歩いていけます。どちらの町にもある、でこぼこの舗道を離れた後はなおさらこの歩道が心地よく感じられます。

ハンブルクは建物が秩序なく密集した町で、人であふれています。聞き及んだところでは、他のすべての自由都市と同様に、(1)貧困層を圧迫する一方で富裕層の心を狭量にするという統治の仕方のために、ハンブルク人の品性は失われています。隣国デンマークの侵略を常に恐れています。つまり、デンマークが通商の豊潤な収穫の分け前を自分たちから取る、あるいは商いの幾分かを自分たちの手から奪い去るのではないかと不安を募らせ警戒しているのです。使い道がないほど収益があるにもかかわらずいつも監視していて、ついには彼らの目そのものが、疑い深い詮索の眼差し以外のすべての表情を失っています。

ハンブルクの門は、冬は七時、夏は九時に閉まります。交易のためにこの町を訪れる人の中に、ハンブルク人地域の城壁の外に居住することを好み、その結果外で金を使う人がいないようにと、彼らはそこまで緻密に計算しているのです。巨額の富が商取引代行権から生ずる歩合によって得られて来ました。表向きはわずか百分の二・五ですが、取引上の秘密の策略によって少なくとも八あるいは一〇に達しています。その策略以外に、取引請負人同様に商品を卸値で買い取る強み、そして潤沢な――間違いなく使いきれないほどの資金が手元にあるという強みがあります。(2)にわか成金の金持ちが戦争中に出現しました。この連中はまさに、にわかにはびこる菌類の仲間のようです。通常の人間が急に富を得るとよく身につけてしまう横柄な悪趣味が当地では目を覆わんばかりで、「高い地位から落ち――没落した」(3)亡命者の多くの苦境とは対照的です――運命の転変とはこのようなものです！　多くの亡命者が毅然として、めったにないほどのあらゆる面での環境の変化に対処し、威厳を持って宮廷から人目につかない住まいに退きました。しかし大半の亡命者はこれ見よがしに[4]聖ルイ十字勲章をつけ、[5]「天と地が彼らの願いに逆らったにもかかわらず」、希望にしがみついて名声の亡霊の周りを忍び歩きしています。それでも、育ちのよさを見れば紳士と分かります。名誉や慎みの感情は高貴な魂から生ずるもののようです。百分の百もの歩合をあさましく貯め込む人々の卑しい見識とは対照的です。

　状況とは、人の性格を形成する鋳型のようなものです。近頃目にしたことから考えてもまったくその通りで、以前なぜ聖職者は概して狡猾で政治家は不誠実かと問うたことがありましたが、こうつけ加えても言い過ぎではないでしょう。もっぱら商業に従事している人間は、心の品格や偉大さを身につけることがまったくない、あるいはそれらをすべて失う。品のない露骨な富の誇示や、情操のない貪欲な快楽の享受のために獣のようになり、ついには高潔な美徳のすべてを、我々の本性が及ばない何かを求める突飛な企てと呼ぶのです。他人の福利を気遣うことを、我々には何の関わりもない不幸の追求と呼ぶのです。でも、あなたは私が[6]厳しい口調になり、そして多分、私事に言及しているとおっしゃるでしょう。ああ！　ではあなたにこう耳打ちしましょうか――あなたは――あなた自身、商業に深くのめり込んで以来奇妙に変わってしまった――あなたが自覚しているよりも――決して内省しようともせず、心を、と言うより情熱をいつも動揺させている――「造物主」はあなたに才能を与えたのに、それは眠ったままか、あるいは卑しい営みに浪費されている――心を奮い立たせ、あなたを覆い隠しているいかがわしい埃を振り払って。さもないと私は自分の心ばかりか悟性にまでひどく欺かれることになる――いつそうするのかだけ教えてください。さらに道を踏み外すのではなく。

私がアルトナに到着した日に、ラファイエット夫人(7)はウィーンで夫の放免を、あるいは共に入牢する許可を求めるために当地を出発しました。彼女は召使いも雇わずに三階(8)に住み、二人の娘が元気に手助けをしていました。娘たちは夫人同様、不要な恩義を感じる前に何でも甘んじて受け入れることにしていたのです。聞くところによると、夫人は順境にあってそのため無為の日々を送っていた頃、健康が思わしくなくなり一連の神経性の病にかかったのだそうです。意味深長な倦怠《アンニュイ》という言葉を借用しないでは、その病に名前はないのですが、フランス上流社会には存在したのです。しかし逆境と高潔な努力がこの病を追い払い、レギオン(9)の名に値する悪魔から彼女を解放したのでした。

ジャンリス夫人(10)もまた、ある時期偽名を使ってアルトナに滞在していました。他にも地位はさらに高くてもあまり名を知られていない多くの人が難を逃れて来ていました。事実、外出するといわくありげな顔に頻繁に遭遇しますが、どの顔立ちもかつてはよき日々を過ごしていたことを物語っています。

ハンブルクで、ある公爵が自分の料理人と共同経営を始めたという話を聞きました。料理人は仕出し屋となって、二人ともその商売から生じる利益で不自由ない暮らしをしているそうです。使用人が不運な雇い主に尽くすといういくつもの気高い話を、当地でもフランスでも聞いて心を打たれましたが、最もうれしいことは、人間の美徳を見いだせることです。

アルトナでは革命以前の高等法院の一つで院長を務めた人物が、フランス風の定食食堂を営んでいます。その妻は、先入観をなかなか捨てられない年齢に達しながらも、明るく気品を保っていますら自らの運命を甘受しています。給仕をしている少女は、命の危険も顧みずにルイ金貨[11]一二枚を衣服に隠してフランスから持ち出しました。彼女はそれを、女主人が病気や他の苦難に打ちひしがれないようにと持ち続けています。「奥様は困難に慣れていません」と彼女は言っていました。この食堂は、あなたの知人の『アメリカの農夫の手紙』[12]の著者が特に勧めてくれました。たいがい彼と食事をご一緒します。先ほど紹介した人物は、私たちがハンブルク人の特徴について意見を交換しながら、商業糾弾の熱弁をふるうのを聞いて気晴らしをしていることがよくあります。ある日彼はこう言いました。「まあ、脚にふくらはぎのある人間は見かけませんな。肉体も魂も、筋肉も心も、同じように利益追求の渇望でしなびているのです。彼らの若々しい情熱にだって寛大なところは何も見あたりません。利益だけが彼らの励みであり、打算だけが唯一の能力の使い道なのです。多少の粗野な動物的満足感は除かなければなりませんが、それは暇を見てそそくさと手に入れるもので、人格をなおのこと劣悪にしがちです。足に翼を持つ神の策略の杖に触れ、その神の技をすべて身につけながら、その分別は持ち合わせていないからです」。(13)

おそらく、あなたも私たちは辛辣に過ぎるとお考えでしょう。でも、ハンブルクの風習を見れば見るほど、大規模な投機が人間の道徳性に及ぼす有害な影響に関する私の見方は強まったと、つけ加えなくてはなりません。人間とは奇妙な機械で、その道徳の全体系は通例一つの大原則に支えられています。その大原則は、人間の自尊心を守って来た境界を、彼らが自ら不道徳に踏み破るやいなや効力を失います。富の追求を進めるにつれ、人は人類を愛することをやめ、次には個人を愛することをやめます。人類と彼の利益、個人と彼の喜びは衝突するからです。商売、そう呼ばれているものにすべてが道を譲らなくてはならないのです。いや、その犠牲となるのです。市民、夫、父、兄弟の愛情あふれる思いやりのすべては空虚な呼び名となります。しかし——しかし何なのでしょう。さあ、思考の連鎖を断ち切るためにおいとまを告げなければなりません。警告の声が顧みられなかった唯一の予言者はカッサンドラ一人ではありませんでした。(14)この世では、愛よりも恋に出会うことの方が何とたやすいのでしょう！

かしこ

第二四の手紙

アルトナの宿はなかなかの居心地ですが、支払う金額には見合いません。しかし、目下の世情のためにあらゆる生活必需品が当地では途方もなく高いのです。ひとときの住まいとして不平を言いたくなる最大の不便はでこぼこ道で、マルグリットと娘が平らな道路に出るのに必ず通らなくてはなりません。

町の近郊を流れるエルベ川の景観は心地よく感じられます。このあたりの眺めは実に単調なのでなおさらです。下へ降りて水際まで歩こうかと思ったのですが、道がありませんでした。それに、岸辺近くで操業している大きな製造所でにかわを吊して干しているので、その臭いがひどく不快でした。しかしすべては商業に道を譲らなくてはなりません。寝ても覚めても考えるのは利益のことだけです――[1]「ふえろ、――ふくれろ、苦労苦しみ」。木陰の歩道に入ると、たいていはすぐに脇によけて縄造り職人に道を譲らなくてはなりませんでした。そして、見たところ、唯一趣味のよい人が植えたと思われる木は墓地にあって、詩人クロプシュトック(2)の妻の墓に影を投げかけています。

　ほとんどの商人は避暑用の郊外の邸宅を持っています。その多くがエルベ川のほとりにあり、彼らはそこで定期船の到着を眺めるのを楽しみにしていて、それは、彼らの一週間の最も大切な区切りの時間なのです。

　大型船舶と小船が、潮の満ち干と共に位置を変え続ける様子は心(3)を打つ絵画のようで、この雄大な川、ハンブルクの生命の流れを興味の尽きないものにしています。うねる川筋は時にすばらしい趣を見せ、二、三の湾曲部が一度に見渡せて平坦な牧草地を横切っています。川は急な曲がりではしばしば勢いを増し、銀色に広がるところは、そのふところに多くの宝を浮かべながらもほとんど動かず、束の間穏やかな湖のように見えます。

　このところ私は山や岩だらけの海岸でずいぶんと過ごして来ましたが、この平坦な土地と水辺ほどそれと好対照なものはありません。空想の中で私はお気に入りの場所に戻り、そこで人間や不幸から離れられたように思いました。しかし崇高な感動に我を忘れていると、商いの喧噪が置き去りにしてきたあらゆる不安へと私を引き戻します。岩は天に向かってそびえ、あたかも悲しみを閉め出すように私を囲み、湖には静寂が忍び寄って私の胸を静め、近くのポプラを揺らす風を和らげていました。それが今では商いの策略の話しか聞こえず、野望の犠牲者の悲惨な物語を耳にするばかりです。

ハンブルクで人をもてなすには、先ほど述べた郊外の邸宅へ日曜日に招待するしかありません。そのような時、食卓の上には料理が次々と出されて湯気をたてています。それに、会話は商売絡みのぬかるんだ水路を流れるばかりなので、適切な情報を得るのは容易ではありません。ここにしばらく滞在するつもりなら、あるいは世間一般について尋ねる気持ちがもっとあれば、商業取引にそれほどどっぷりと漬かっていない人物に紹介してもらおうと努めたことでしょう。けれど、この利潤を巡る渦巻きの中で、私の目には賭博同様に恥ずべきと映る仕事に従事していない人は、不運なあるいは尊大な亡命者以外にはなかなか見つかりません。国家の利益が投機的な商人によって取引されているのです。ああ！　何と冷静沈着に一連の巧妙な腐敗行為が、特定の人々に濡れ手に粟の歩合をもたらしているのでしょうか。諸国の相互の状況など顧みられることもないのです――そして、詐欺で得られた信用での取引に通常の誠実さを多く期待できるでしょうか。でもこれはあなただから言うことです。

この旅行中そしてフランスに滞在した間、俗に言う激動の時局の舞台裏を覗く機会がありましたが、現在の多くの取引を支配する卑劣なからくりを見いだすだけでした。取引請負人と、自分がまき散らした悪疫をむさぼるイナゴの群れによる人間生活の破壊に比べれば、剣の方がまだ情けに満ちていました。この人たちは、(4)黒人奴隷船の船主同様、自分の金にそれを獲得するために流された血の臭いをまったく嗅ぐこともなく、枕を高くして寝て、そうした仕事を合法的天職と呼ぶのです。それでも、稲妻が彼らの屋根に光り、雷鳴が罪を告げ、「そして神(5)の配慮《おもい》の正しきを、人に証明《あかし》する」ことはないのです。

なぜ自分のために泣かなくてはならないのか――「世界(6)よ、さあ、受け入れなさい！　汝のあふれんばかりにためられた涙を！」

さようなら！

第二五の手紙

アルトナにはとても小さなフランス風の劇場があり、役者はコペンハーゲンで見た役者よりもはるかに上手です。ハンブルクでは劇場はまだ開いていませんが、まもなく、市の閉門が七時[1]になって市民が郊外の邸宅を離れざるを得なくなる頃に、開場するでしょう。しかし、次の順風で英国に向けて出帆することにしたので、ハンブルクについてはあまり多くの情報を入手できそうもありません。

スイスへ向かう途中ドイツを通る旅程だったのですが、季節が進んで計画変更を余儀なくされていなかったとしても、フランス軍が進攻したためにそれはほぼ不可能だったでしょう。それに、スイスはここ数年特に訪れてみたいと思っていた国なのですが、今年はこれ以上足を延ばす気にはなれません。と言うより、場を変えることに、そして興味が湧き始めたとたんにその人々や土地から離れることがいやになっているのです。——これも空しいことです！

ドーバー

乗船をせかされたので、この手紙を書きかけのままにしていました。今はただこう伝えたいだけです。ドーバーの断崖を見て、これを雄大だと誰が言えるのかと思いました。スウェーデンやノルウェーのそれを見た後では、まったく取るに足らないものに見えます。

さようなら！ 私の観察の精神は逃げ去ったようです――そして、このくすんだ場所を、文字通り時間をつぶすためにさまよっています。とは言え、逃れたいさまざまな思いが心にまとわりつき、何をしても容易に振り払えず、紛らすことすらできずにロンドンへの旅の準備をするしかありません。――神の恵みがあらんことを！

メアリ――

付記

私的な所用と心配事にたびたび心を奪われていたため、探求心を保ち続けていれば各地での新しい経験がもたらしたはずの知識のすべてを、この旅の間に得ることはかないませんでした。目前の事物に対するこの感受性の欠如を嘆いたことが何度もありました。これらの手紙は出版を考えて書き綴って来ましたので。しかし少しでも思慮のある人は、異国の現在の生活風習とそれ以前のものを対比するには、当然その国の歴史を考慮に入れるので、私が旅をして来た王国では知識と幸福が増大しているという確信に、私の比較考察はいつもたどりつきました。

貧しい人々の困窮のためにスウェーデンでは文明がたいへん偏ったものになっています。デンマークでは農奴制がすべての階級の進歩を遅らせています。それでも両国とも進歩を遂げており、専制政治や無政府状態という巨大な悪弊は、改善されつつあるヨーロッパの慣習を前にして、大部分が消え去りました。もちろんまだ多くの悪弊が残っており、慈悲深い探求者を苦しめ、善意ある改革者を過ちの迷路へとせき立てています。彼らは偏見をなくすことを性急に目指しますが、それは、世論が理性に従うようになるにつれて、時の流れだけが根絶することができるのです。

人類への燃えるような愛情ゆえに、熱烈な気質の人々は機が熟す前に法律や政府を改変しようとします。法律や政府が有益かつ永続的であるためには、それらがそれぞれ固有の土地で成長し、国家の実りつつある悟性が不自然な動乱[1]によって強いられることなく、時間をかけて成熟し徐々に得られた結実でなくてはなりません。そして、そのような変化が拍車をかけて広まりつつあると私が確信するには、この北方旅行中に社会について見聞したことで十分だったことでしょう。人類を前進させ、人間の苦難全体を減らすいくつかの重大要因の組み合わせについて、以前に思い至っていなかったならば。

注釈

注1

ノルウェーは地形測量によれば長さ二〇二マイル。幅は実に多様である。通常のノルウェーマイルは英国の度量衡では約二万四千ヤード。

ノルウェーは面積七、五五八平方マイルで四つの地方に分けられる。四人の大行政官と四人の主教がいる。四大主要都市はクリスチャニア、トロンヘイム、ベルゲン、クリスティアンサン。天然の産物は木材、銀、銅、鉄、少量の金もあり、魚、大理石、そして数種類の動物の毛皮がある。輸出が輸入を上回る。一七六七年のノルウェーの貿易黒字は約四七万六〇八五リクスドル（英貨九万五二一七ポンド）。以後黒字は増加している。コングスベルの銀山は三五万リクスドル（七万ポンド）相当の銀を産出する。しかし、この生産量は採掘費用の負担には不十分と言われている。コングスベルは内陸部唯一の町で一万人が住む。

レーロスの銅山は年間約四千シップポンドを産出する。一シップポンドは三二〇ポンドである。年間利益は一五万リクスドル（三万ポンド）にのぼる。ノルウェーには一五ないし一六の製鉄所があり、年間四〇万リクスドル（八万ポンド）相当に達する鉄を生産している。

塩漬け魚および干し魚の輸出は相当な量である。一七八六年の輸出収益は七四万九二〇〇リクスドル（一六万九八四〇ポンド）にのぼった。

将校を含めて一〇八名編成の竜騎兵連隊が四隊ある。歩兵部隊は二連隊で各隊一一五七名、守備についている五歩兵中隊を加えて総勢三三七七名にのぼる。市民軍は一三連隊、各隊一九一六名、総勢二万四九〇八名。九六〇名の軽装部隊は、雪が大地を覆う冬期間、一種のスケート靴――一対の長い木製の道具に乗って駆ける。

注2

ノルウェーの税金は次のものからなる。

一　地租。資産価値二千から三千ドル相当の農場は年間一五から二〇ドルを支払う。

二　すべての食料品および輸出入品に課される税。

三　身分と官職に課される税。

四　年金および俸給に課される税。一〇〇ドルにつき二パーセント、額に比例して一〇パーセントまで。

五　土地や家屋を担保とした利子つき貸出金に課される税で、利率の四分の一。したがって法定利息は四パーセントであるから課税はその利息の四分の一。

訳注

前書き

（1）虚栄心や感受性

一八世紀後期の紀行文の多くは「感情写実主義」の様式をとっていた。この点でウルストンクラフトはジョージ・フォースターの『世界一周航海記』（一七七七）に直接影響を受けているように思われる。同書でフォースターは「私は時に自我の強い指図に従い、自分の感情に声を与えた。我が人類に共通の弱点が自分にはないと言うつもりはなく、読者諸兄が私がどんな色のガラスを通して見たのかを知るべきだからである」と明言している。

（2）それぞれの話の小さな主人公

ウルストンクラフトは最初からこの旅行記の自伝的性格を強調している。恋人ギルバート・イムレイに宛てた一連の手紙の形式をとってはいるが、現存しない原稿は、おそらく彼女が旅行を通して携えた日誌の記述であり、後にイムレイに見せるために加筆されたと思われる。旅行中にそのような日誌をつけることの重要性を、彼女は第三の手紙で論じている。そして、実際のイムレイ宛書簡の一通（一七九五年七月一八日付けテンスベル発信）では、本を書き始め、「それが私の金銭的債務を免じてくれることを望んでいる」と伝えている。他には、彼女の短い私信と本旅行記の一貫した記述にはほとんど重複がない。例外は、一七九五年六月二〇日付け書簡の一節「失望のせいで私は何と変わったことでしょう」が、第一五の手紙に再び現れることである。たとえその本が「出版するつもり」の日誌として生を受けたとしても、ウルストンクラフトが言うように、それは自然で「抑えたりせず」に書かれている。彼女は出版のための編集や改訂をしようとはほとんどせず、ゴドウィンが書いているようにいつも筆が速かった。引用箇所を確認することはせず、入手できない資料について嘆くことはあっても補筆することはなかった。そして、フレゼリク王太子への好意的な印象（第七の手紙）が、後にはかなり逆転しても（第一八の手紙）、そのままにされているようなところもある。特に、彼女は旅行の手記を埋めつくした悲嘆と孤独の流露を押しとどめようとはしなかった。文学的洗練よりは自分の正直な気持ちを強調していることが、言うまでもなく本書に命を与え、「私自身の心の物語の新たな一ページ」（第九の手紙）を生み出している。なお、「それぞれの話の小さな主人公」は、エドワード・ヤング『不偏なる感情　風刺一、ドーセット侯爵殿下に』一二〇行にある語句。

第一の手紙

（1）他の理由

この作品は、ウルストンクラフトの恋人ギルバート・イムレイに旅先から宛てた手紙という形式を取る。イムレイはアメリカの軍人で革命後のフランスに渡り、一七九三年春、パリでウルストンクラフトと出会った。二人の間に娘ファニーが生まれた翌年、一七九五年四月イムレイを追ってロンドンに戻った彼女は、彼の心変わりを知って自殺未遂を起こす。そのわずか二週間後に彼女はイムレイの事業の代理人として、一七九五年六月末から一〇月初めまでの三か月半の間スウェーデン、ノルウェー、デンマークの三国を巡る。北欧諸国への関心や旅行記出版という経済的目的が旅立ちを促したと考えられるが、イムレイに対して愛憎相半ばする彼女の心は疲弊の色を隠せない。

（2）エルシノア

現在のヘンシンゲーア。原書では北欧の地名に古い英語表記が使われている。オックスフォード版とピカリング版では原書表記に現在の英語名の注記があり、ペンギン版では現在の地名に改められている。この翻訳では前者に倣った。

（3）アーレンダールかイエーテボリで

ウルストンクラフトの北欧三国の旅行の本来の目的は、イムレイの代理人として彼の所有する貨物船の失踪事件を調べ補償請求をするためであった。イムレイは、英国の対革命フランス海上封鎖をかいくぐってフランスと貿易をするために、中立スカンジナビア諸国の貿易商を利用した。その中にイェーテボリのエライアス・バックマンがいた。一七九四年八月、彼らはフランス船をノルウェー船籍に装い、穀物買い付けのためにフランスの銀を積んでイェーテボリに向かわせた。しかし、ノルウェー人船長ペーデル・エッレフセンの指揮する同船は目的地に到着せずに失踪した。バックマンの尽力で、一七九五年一月デンマーク王立委員会が調査に着手し、エッレフセンは二月に逮捕されたが、家族が高額の保釈金を払いすぐに保釈された。アーレンダールは、エッレフセン家の商業地盤でペーデルが積み荷を降ろしたと疑われる地である。ウルストンクラフトはイェーテボリでバックマンと面会し、彼はストレムスタードまで彼女に随行した。

（4）灯台

ニーストロムによれば、陸上の目印で方位を確認する当時の航海では、スウェーデン沿岸沖北緯五七度一八分にあるニディンゲンの暗礁は大変危険で、デンマーク領だった一七世紀初めには石炭燃料の灯火が置かれ、沿岸の農民がこの灯火の保守にあたっていた。ウルストンクラフトが上陸して出会った、みすぼらしい二人の老人が煤けていたのは明らかに石炭の塵のせいである。灯火はその後二基の灯台となり一九四六年まで使われ、現在は一基のみが史跡として保存されている。ピカリング版とオックスフォード版はこの説をとり、イェーテボリから約三〇マイル南にある二基の灯台としている。ペンギン版では、イェーテボリの北約三〇マイルにあるモッレスンド湾内の灯台ではないかと推量しているが、ニーストロムがウルストンクラフトの上陸地と断定しているイェーテボリ南のウンサラ半島にも同名のモッレスンド海峡があることから、ニーストロムの説が妥当であろう。

（5）専制政治

ウルストンクラフトは、水先案内人たちの行動を、スウェーデンの政治体制が他のスカンジナビア諸国、特にノルウェーのそれに比べて、より圧政的で封建的であることの証左と見ている。

（6）マルグリット

一七九五年から一七九七年まで、イムレイとの間に生まれた娘ファニーのためにウルストンクラフトがパリで雇ったフランス人の乳母。マルグリットはウルストンクラフトを尊敬し、ファニーに愛着を抱いていた。ファニーは彼女たちと旅行した時一歳だった。

（7）絵のように美しい

ウルストンクラフトが頻繁に使っている「ピクチャレスク」という言葉は、画趣に富んだすなわち絵に描いたような美しさを意味する。一八世紀後半にエドマンド・バークは強烈、荘厳、唐突で畏怖を与える「崇高」と、繊細、優美、滑らかで喜びを与える「美」の概念を確立した。ピクチャレスクの概念はこれに起伏、変化、対照、偶然性などの妙による絵画美の法則をつけ加えた。唱道者の一人であるギルピンは、実際の風景を観賞するには、目前の景観を画家のように画面に切り取りその中で再構成することを説き、看過されていた英国の風景美の再発見を促した。なお、ウルストンクラフトはバークが崇高を男性的、美を女性的と区分したことに『女性の権利の擁護』

（一七九二）で反駁している。

（8）怖いこと

全編を通じてウルストンクラフトは、女性単独の旅という目新しさをうまく押し出して読者の興味をひいている。「怖いこと」とはレイプである。

（9）禁止されている飲み物

コーヒーは一八世紀のスウェーデンで最も重要な輸入贅沢品で、高価なため貿易の収支を危うくする可能性があった。スウェーデン政府は、コーヒーが投機の対象になり財政危機を招くことを恐れ、一七五六―一八二二年の間に輸入と飲用に対する禁止令が課され、密輸がはびこった。イギリス同様、コーヒーの飲用は、新興ブルジョワ階層の出現と関連づけられる。

（10）黄金時代

ギリシャ神話における社会の理想的状態で、次第に銀、銅、鉄の時代へと退歩していく。キリスト教における人類の堕罪以前の黄金時代とは、罪や不正のない、人間が自然や他の人々と原始的協調を保って生きていた理想郷を指す。一八世紀の哲学者はこの概念にしばしば言及し、啓蒙思想の歴史家は自由と進歩に満ちた時代をこう呼んだ。ウルストンクラフトがこの概念をさらにどう用いているかは、第九の手紙と第一四の手紙に見られる。

（11）役人

ニーストロムによれば、ウルストンクラフトが上陸したのはイェーテボリ南のウンサラ半島で、役人とはモッレスンド海峡の水先案内監督官と思われる。

（12）スウェーデン・ダカット

ダカットはかつてヨーロッパ諸国で広く流通した金貨。文中では英ポンドに換算した金額が使われている。

（13）役得

職務に付随した臨時収入。ウルストンクラフトのような急進思想の中流階級は、これを旧来の封建体制の持つ腐敗と無駄の象徴と見た。

（14）手紙

イムレイからの書簡を指しているのであろう。ウルストンクラフトは旅行中イムレイに、状況報告と同時に、自分の苦悩を訴え彼の愛情を求める手紙を多く出している。

（15）「娘たちがつれづれの恋と呼ぶ」花

野生の三色スミレ。シェイクスピア『夏の夜の夢』第二幕第一場一六八行。妖精の王オベロンが、キューピッドの恋の矢に当たった白い花が恋の痛手で紫色に変じたことを説明した後に「娘たちはその花をつれづれの恋とよんでいる」と言う。劇中この花の汁は、眠っている人のまぶたにつけると目がさめたとたんに見えたものに惚れ込むという魔法の力を持つ。オベロンは妻の女王タイターニアに言うことを聞かせるために、彼女の目にこの汁をつける。

（16）私の幼い娘

ギルバート・イムレイとの間に一七九四年五月一四日に生まれた娘ファニー。アメリカの陸軍大尉イムレイは革命後のフランスで政治や商業に関わり、一七九三年春パリでウルストンクラフトと出会った。まだ一歳一ヶ月の幼い娘を連れた女性の外国への一人旅は当時極めて希だった。

(17) **フランスで目にした恐怖**
ウルストンクラフトは一七九二年―九五年のフランス滞在時に、革命の過度な状況を直接見聞して愕然とした。

(18) **失意**
娘ファニーが生まれたあと、イムレイは仕事の都合でフランスを離れたまま帰らない日々が続いた。

(19) **崇高な景色**
第一の手紙・注(7)「絵のように美しい」参照。

(20) **「男の質問」**
社会、政治、経済の実情についての質問のことで、女性の理解を超えると考えられていた。

(21) **駅馬車**
宿駅や旅館で飼われている貸し馬が引く馬車。

(22) **活動原理**
ウルストンクラフトが「生気論」をめぐる議論や、生命の起源は何らかの独自の原理にあるのか、あるいは物質組織内部から発生するのかという問題について知っていたことを示すと思われる一節。生気論論争はウルストンクラフトの死後激しさを増し、彼女とゴドウィンとの間の娘メアリ・シェリーの小説『フランケンシュタイン』に大きな影響を与えた。

（23）ある共感の気持ち

「共感の気持ち」や「引き合う力」は、ウルストンクラフトが出入りしていたロンドンの非国教徒社会で影響力のあったデイビッド・ヒュームの観念連合説心理学の用語。

（24）旅券

一九世紀半ばまでは、当時のヨーロッパの大半の国と同様に、スウェーデンの旅行者は国内旅行に旅券を必要とした。この旅券は冊子体ではなく、ほとんどが町の行政長官によって発行され、旅行の期間と目的を記載していた。

（25）宛名の人物

私信でウルストンクラフトはたびたびスウェーデンの宿屋の質について不満を述べ、「単なる馬小屋」と評している。イェーテボリで彼女は、イムレイの貿易仲間のエライアス・バックマンの家に逗留した。彼は一七九四年にイェーテボリに移ってきていた。

第二の手紙

（1）オランダ人

スウェーデン王グスタフ・アドルフ二世はイェーテボリ周辺の沼沢地の問題を、アムステルダムを模範とした運河の建設によって解決するために、一六二一年オランダの技術者を雇用した。

（2）富裕な商家

イェーテボリはその立地によってスウェーデンで最も重要な西方諸国との貿易港となり、一七三一年のスウェーデン東インド会社の設立によりその地位は揺るぎないものとなった。イェーテボリは、マーストランドと並んで西海岸で外国商人との貿易を許された二つだけの市の一つである。

（3）フランスとの商業取引と委託取引

一七九二年―九七年の革命フランス対同盟諸国（英国、オーストリア、プロシア）の戦争中、中立を保ったスカンジナビア諸国はフランスとの海上貿易で大きな利益を得た。一七九三年の英国の海上封鎖以降はそれをかいくぐっての密輸も盛んに行われ、イムレイもこれに加担していた。多額の銀の延べ棒や甲冑を積んだ彼の船が航海中に行方不明になり、ウルストンクラフトは彼の代理人として、船と積荷の賠償を求めてスカンジナビアを旅した。この用務そのものに関しては彼女は特にふれていないが、利益追求主義に対する非難は第二三の手紙や第二四の手紙に見られる。一七九四年にイェーテボリに渡り、後に初代の在スウェーデンアメリカ領事となったバックマンはイムレイの貿易代理人を務め、船の賠償交渉にも手を貸した。ウルストンクラフトが彼を訪問したことが旅行中に投函されたイムレイ宛の書簡に記されている。

（4）日の下には新しいものはない

「伝導の書」第一章第八―九節。「すべての事は人をうみ疲れさせる、／人はこれを言いつくすことができない。／目は見ることに飽きることがなく、／耳は聞くことに満足することがない。／先にあったことは、また後にもある、／先になされた事は、また後にもなされる。／日の下には新しいものはない。」

（5）審美眼

taste は文脈に応じて審美眼あるいは趣味と訳した。啓蒙思想の時代、美学が独自の学問領域として展開を遂げるにつれて審美眼／趣味について、普遍的か相関的か、生得的か後天的か、国や時代によっての相違をどう説明できるかなどの議論が盛んになった。ヒュームは美は対象には存在せず、審美眼／趣味は精神の反応だが、普遍的であると考えた。バークは審美眼／趣味を種々の能力の複合体と捉え、普遍的で有用性とは関係しないとした。ウルストンクラフトが本書でしばしばこの言葉を用い、北欧の人々（特に女性）の審美眼／趣味は教化・啓発されるべきだと主張しているのはこのような思潮が背景にあるためであろう。

（6）ダブリン

ウルストンクラフトは、一七八六年から八七年にかけてアイルランドのキングストン伯爵の長子キングズバラ子爵の娘たちの家庭教師を務めた際に、ダブリンに滞在したことがある。

（7）バターつきパン、チーズ、生のサーモンやアンチョビー現在バイキング、あるいはスモーガスボードとして知られるスカンジナビア料理。冷製、温製の各種料理を卓上に並べ、各自が取り分けて食べる。

（8）明日も、その明日も

『マクベス』第五幕第五場一八―二〇行「明日、その明日、またその明日と、時は毎日毎日この忍び足で、最後の瞬間が記されるまで進んでいく」。

（9）夜の魔法の時刻

この段落にはシェイクスピアからの引喩が多い。「夜の魔法の時刻」は『ハムレット』第三幕第二場三八八行を、「流れはさざめき、天に響くような音楽を奏でては静まり」は『十二夜』第一幕第一場四行を、「平和の精霊たち」は『ヘンリー八世』第四幕第二場八三行を、「夢を作っているふわふわしたもの」は『あらし』第四幕第一場一五六―七行を踏まえている。この一節はまた、この旅行記に多く見られる「崇高」流儀の風景描写でもある。ウルストンクラフトはこれらの精緻な風景描写を単なる観察記録ではなく、その風景の中にいる自己を見つめる心情吐露の舞台としている。感傷的すぎるとの批判もあったが、ワーズワスやコールリッジなど同時代のロマン派詩人の風景描写に与えた影響は少なくない。

第三の手紙

（1）飲酒という野卑な慰み

ウルストンクラフトの飲酒に対する嫌悪は飲酒癖のあった父親の行状に由来する。第二〇の手紙参照。

（2）男は女を抑圧して

この旅行記に頻出する、女性の抑圧された状況に対する痛烈で怒りに満ちたウルストンクラフトの最初の所見。彼女の女性の権利擁護の姿勢が変わらなかったことを示す。

（3）追いはぎや馬追いはぎ

馬を使わない追いはぎ（footpad）と馬に乗って公道に出没した追いはぎ（highwayman）。

（4）先王による戦争

スウェーデンの歴代国王は一八世紀を通じてロシアとの戦争に明け暮れ、戦費は莫大な税金で賄われた。酒類の国営専売公社があり、コーヒーは贅沢な輸入品だったので節倹令によって禁止された。グスタヴ三世（一七四六―九二）は一七七一年に王位につき啓蒙主義的改革を実施したが、絶対王権を築いたことへの反発から、一七九二年貴族の一団の陰謀により暗殺された。

（5）カール一二世

カール一二世（一六八二―一七一八）は、一六九七年から没年まで王位にあった。「北方の獅子」と呼ばれた伝説的な戦士で戦役では兵士と寝食を共にした。ハルデンの包囲攻撃の際に流れ弾に当たって戦死。第五の手紙参照。

（6）摂政

ソダーマンランド公爵カール（一七四八―一八一八）、後のカール一三世（一八〇九―一八）、一七九二年から一七九六年までスウェーデンの摂政。

（7）**正確な言葉を引用できません**

この旅行記の原稿はほとんど編集や校訂がなされなかった。速筆だったウルストンクラフトは記憶に頼ってシェイクスピアを始めとして数々の引用をしているが、それも照合されなかった。

（8）**日誌をつけること**

当初この旅行記はそのような記録として書かれたと思われる。

（9）**心を偏狭にします**

ウルストンクラフトは『女子教育考』（一七八七）で、結婚により女性の行動領域は狭まり、自分の魂を見据えない限り、些末な仕事が女性の心を偏狭にすると述べている。後年『女性の権利の擁護』では、あらゆる慣習的義務は、心の向上という重大な義務の下位に置くべきと女性を戒めている。

（10）**改良された風景**

一七世紀にフランスやオランダで流行した幾何学的な整形式庭園の影響を受けた後に、英国では一八世紀に風景式庭園が流行し、整形式の古い庭園を改修する「改良」（improvement）がブームとなった。風景式は非整形で自然の風景をそのまま生かしている。英国風庭園はロシアなどにも波及し、スウェーデンではグスタフ三世も造った。また、社会全体における「進歩」（improvement）について、この旅行記でウルストンクラフトは北欧諸国の社会のそれを願う一方で、産業革命以降急速に工業化と近代化が進む社会に対する漠然とした不安も表明している。当時英国ではいわゆる農業革命が進み、領主や地主が牧羊業や集約農業の改良を目的として、議会の正式の認可のもとに共同放牧場や入会地などを垣で囲んで私有地化する囲い込みがおきた。一七四〇年代から囲い込み法の議会通過が増え始め、一八〇〇年頃には最高潮を迎える。レイモンド・ウィリアムズは『田舎と都会』で、進化と近代化を是とする「進歩の道徳原理」に支配されたこの時代、農業技術の発達が高い地代を招き、従来の農村の家族と共同体が破壊されていったと指摘している。

(11) **アメリカ報告**

トマス・クーパー『アメリカに関する見聞』(一七九四)、六四ページ。「したがって、それ[本の出版]がヨーロッパよりもアメリカでなされる方がよいことや、アメリカ人がいつもの分別を働かせてあなた方に陶磁器や白木綿だけでなく文学も製造させているのは当然である」。同書は本書と同じくジョンソン書店から刊行された。クーパー(一七五九—一八三九)はロンドン生まれの法律家、自然科学の著述家で、革命初期にパリに滞在しイムレイをジロンド派指導者のブリソに紹介した。プリーストリーとともにアメリカに移住し、サウス・カロライナ大学学長を務めた。奴隷制について南部の意見を尊重し、南部の分離に賛成した。

(12) **英国の造園**

この原注は、日光と日陰のよさを対照して綴った素晴らしい小エッセイだが、フランスに範をとった一八世紀の整形式庭園の影響が衰退し、「低木や花々」が香料植物や野菜とともに多彩に植えられた、英国固有の田舎家庭園への関心が強まってきたことを伝えている。二つの理想、古典様式とロマン派様式の組み合わせは、今日ケント州のシシングハースト城庭園などに見られる。ウルストンクラフトは残念ながら庭園を持つことはなかったが、それを楽しんでおり、クリスチャニア（現オスロ）郊外のノルウェー人商人の英国式庭園を訪れて楽しんでいる。第一三の手紙参照。

（13）洞窟

ルネサンス以来の庭園には川の神や水の精のすみかに擬した洞窟が設けられることがあった。一八世紀初めには、外形にはより自然な趣を取り入れ、内部には鉱石の象眼や噴水など人工的な装飾が施された。詩人のポープがロンドン郊外トウィックナムに造った庭園の洞窟には、鉱石、珊瑚、貝殻、鍾乳石などがちりばめられていた。

（14）邸宅

イェーテボリ近郊のグネボにある、スコットランドの富裕な商人ジョン・ホールの邸宅。広大な庭園付きのイタリア風パラディオ様式の木造大邸宅。一七九六年落成、現在は観光施設として公開されている。

（15）美しい線

風景式庭園を確立した画家、建築家、造園家のケント（一六八五―一七四八）は「自然は直線を嫌う」と言って、自然の景観をできるだけ庭に採り入れようとし、人工的な要素を避けて並木道を造らなかった。画家のホガース（一六九七―一七六四）は『美の解析』の第七章「線について」で二次元のＳ字曲線を「美しい線」と呼び、三次元の曲線を「優雅な線」と呼んで称揚している。

第四の手紙

（1）彼女ら

ウルストンクラフトの育児観は進歩的であり、身体を押さえる産着や性病感染の原因となり得る授乳乳母を非難した。

（2）心弱き女性に道を誤らせる

マシュー・プライアの詩「ハンス・カーヴェル」の一節。「心弱き女性が道を誤るとすれば／その人よりも運命の星に罪がある」。これは、ウルストンクラフトが好んだ座右の銘の一つで、『女性の権利の擁護』第二章にも引用されている。シェイクスピア『ジュリアス・シーザー』第一幕第二場の、キャシアスの次の台詞の反語的な模倣とも思える。「ねえ、ブルータス君、僕らうだつが上がらんというのは、／なにも運勢の星が悪いんじゃない、僕ら自身が悪いんだ」（中野好夫訳）。

（3）若くしてたいへん太ります

イエーテボリの女性に対するこれらの辛辣な批評は、人々の感情を大いに害したとフランスの旅行作家が伝えている。

（4）ゆかしい人の面影

『失楽園』第三巻四四行「ゆかしい人の面影」（平井正穂訳）。この一節はブレイク（一七五七―一八二七）の『無垢の歌』の特に「神の面影」の詩行の模倣があると思われる。ブレイクは卓越した詩人で芸術家。本書などを出版したジョンソンの仲間と親しかった。ウルストンクラフトの初期の本二冊に挿絵を描いている。

第五の手紙

（1）気候風土の違い

モンテスキューは多大な影響を与えた『法の精神』（一七四八）で、国民性を決定する際の気候風土の役割に触れている。ウルストンクラフトはそのような根拠から国民性を引き出すことには概して懐疑的だった。51ページ参照。

（2）仕事

ウルストンクラフトは、イムレイに代わって貨物船の調査をしているノルヴィーケンの地方判事A・J・ウンゲルと商人のクリストフェル・ノードベリに会うためにストレムスタードに向かったと思われる。

（3）そのうちの一人

一七九五年七月にエイグストで記された宿帳によると、ウルストンクラフトはこの旅でバックマンと同行した。

(4) 幼い娘
ウルストンクラフトがノルウェーに行っている間、幼いファニーと乳母のマルグリットはイェーテボリのバックマン家に残った。バックマンはストレムスタードまで彼女に随行した。

(5) 羽毛ぶとん
スカンジナビア発祥の羽毛ぶとんの原型で、袋状の大きな綿のシーツに羽毛が詰めてある。

(6) 植物学者や博物学者
カール・フォン・リンネ(一七〇七—七八)はスウェーデン人で、一八世紀で最も重要な植物学者。彼の分類法は今日でも植物分類の基礎となっている。

(7) あらゆる対象
おそらくルソーの『孤独な散歩者の夢想』(一七八二)の「第七の散歩」に触発された一節。同書はウルストンクラフトの愛読書の一つで本書の告白調を形作った。

(8) 最後の戦闘
ロシア・スウェーデン戦争(一七八八—九〇)では、ロシアとの条約の義務から、デンマークとノルウェーも参戦した。クヴィストルム橋での戦闘では、侵攻したノルウェー軍がスウェーデン軍を破った。デンマークとノルウェーはスウェーデン侵攻後、英国、フランス、プロイセンの圧力により和平協定を結び撤退せざるを得なかった。スウェーデンは国境を保持し、デンマークのスカンジナビアにおける影響力は、外務大臣で改革主義者のベアンストーフの尽力にも拘わらず徐々に衰えた。第二一の手紙参照。一四世紀末以来、ウルストンクラフトが旅をした一七九五年当時を含めて、ノルウェーの王は大体においてカルマル連合の名のもとにデンマーク王が兼ねていた。一八一四年からノルウェーはスウェーデンと同君連合関係に入り、一九〇五年にノルウェーが分離独立する。

（9）その宿屋の女主人

クヴィストルムの宿屋のこの美しい女主人のロマンチックな物語に、小説家としてのウルストンクラフトは関心を抱いている。彼女は常に女性が男性に対して影響を及ぼすような話に興味を覚えている。第一八の手紙、マティルデ王妃の挿話参照。

（10）北

ウルストンクラフトは太陽崇拝に大いに魅力を感じ、あらゆる宗教の中で最も根源的なものと見ていた。ここで言及しているのは、人類が追放された温暖で実り豊かなエデン（「自ずと楽園が現れる」南の風土）という聖書の考えを批判するためである。それに代えて彼女は、人類が長い道のりを経て寒冷で住みにくい北方からゆっくり進化してきたという、より進化論的な概念を提示している。シェリーは、『鎖を解かれたプロメテウス』第二幕第四場の天地創造の場面で同様の考えを見事に展開している。「そして時季《とき》ならぬ時季は／霜や火の矢をこもごも放ち、／住むところなく蒼ざめた多くの種族の人々を山の洞穴へと追いやった」（石川重俊訳）。

（11）ジョンソン博士

サミュエル・ジョンソン（一七〇九―八四）。英国の詩人・批評家。一八世紀後半の文壇の中心的人物。ウルストンクラフトは、ジョンソンの伝記を書いたボズウェルが『ヘブリディーズ諸島旅行記』（一七八五）に描いたジョンソンの見解を念頭においている。彼女はジョンソンに会ったことがあり、彼を称賛していた。

（12）かつて不毛だった地

正確にはジョナサン・スウィフトの『ガリヴァー旅行記』（一七二六）第二篇第七章にある。「かつて麦の穂が一本、草の葉が一枚しか生えていなかった土地に、二本の穂あるいは二枚の葉を育てることができたものがいれば、その人は政治家連中が全員束になったよりも、はるかに人類の恩人であり、祖国に対して価値ある貢献をしている」。

（13）親愛なるロジャー

オーラリ伯ジョン・ボイル『ジョナサン・スウィフト博士の人生と作品』（一七五二）第二巻三二頁参照。ダブリン近郊ララコーでの主任司祭としての初日、説教壇に登ったスウィフトは、忠実な教会書記ロジャー以外に会衆が誰もいないことに気付く。彼は臆せず堂々とこう言って説教を始めた。「親愛なるロジャー、聖書は汝と我をさまざまな地にお遣わしになる」。通常牧師は「親愛なる皆様」と呼びかけて話し始める。

（14）上品な大家族

ノードベリ一家。

（15）水辺のユリ

スイレン。

（16）フレデリクスハル

現在のハルデン。当時のスカンジナビアへの他の旅行者の多くと同様に、ウルストンクラフトもカール一二世が最期を遂げた場所を訪れるという提案に興味を抱いた。第三の手紙・注（5）「カール一二世」参照。

（17）かわいらしい娘

ウルストンクラフトはかわいい少女をよく連れにした。第八、二二の手紙参照。おそらく一七八五年に死んだ親友のファニー・ブラッドを偲ぶことができたからだろう。

（18）スイス

スイスはジュネーブ生まれのルソーの影響もあって、当時の崇高な風景の典型とされるのが常だった。スカンジナビア旅行の後、ウルストンクラフトとイムレイはスイスで会うことを話し合っていたが、スウェーデンを発つ頃にはその案は立ち消えになった。

（19）著作家たち

おそらくその中には、気候風土の要素をかなり重視したモンテスキューも含まれるだろう。ウルストンクラフトの視点は、「宗教を含めた政府」の役割を強調する点で、『政治的正義』におけるゴドウィンを含む他の急進主義者と同一である。

（20）探求の精神

「探求の精神」の重視は教育者としてのウルストンクラフトの特徴である。国民は不動の「国民性」を持つのではなく、社会の進歩にしたがって国民性も発展するという考えは、本書全体を貫いている。第一九の手紙と「付記」参照。

（21）浅薄な推論

アレクサンドロス大王（前三五六―二三）の声価については一八世紀に大きな議論となった。特にモラリストたちは、英雄的行為と戦場での武勇を同一視する異教的見地に異議を唱えようとした。ゴドウィンの『ケイレブ・ウィリアムズ』（一七九四）第二巻第一章参照。ケイレブは、自分の仕える地主フォークランドが犯した殺人を暴こうとして、アレクサンドロス大王批判を展開し、両者は議論を戦わせる。

（22）ヤング

エドワード・ヤング（一六八三―一七六五）は墓場で死を瞑想する詩人群「墓畔派」の代表的存在。全九巻の無韻詩『嘆きの歌――生と死と永生についての夜想詩』（一七四二―四五）は、憂鬱な瞑想的、半自伝的な詩の流行の先駆けとなり、ウルストンクラフトも魅了された。第三巻冒頭では、詩の霊感を与える存在としての月への祈願が歌われている。

第六の手紙

（1）明らかな苦労

「マタイによる福音書」第六章第三四節「一日の苦労は、その日一日だけで充分である」。

（2）カテガット海峡

デンマークとスウェーデン南部沿岸の間にある細長い海域で、ウルストンクラフトは最初このあたりに上陸した。今彼女は、スウェーデンとノルウェーの間にあるオスロフィヨルドを横断している。

（3）ラルヴィク

一七世紀から鉄鋼の生産で有名な町。原文では現在のものと違う綴りになっている。

（4）フランクリン博士

ベンジャミン・フランクリンはアメリカの政治家、著述家、発明家で駐仏全権公使などを務めた。英国の急進主義者に称賛され、トマス・ペインやジョゼフ・プリーストリーと親交を結んだ。『自伝』は最初にフランスで、後にイングランドで一七九三年に出版された。人の好奇心を満たすために、旅人が自分の「身上書」を持ち歩くというのは、素朴な冗談である。実際は、ノルウェー人はウルストンクラフトに大変親切で、彼女の勇気を讃えた。フランクリンは『二つの小論』（一七四八）の「北アメリカの野蛮人に関する寸言」三三―四頁で「詮索好きな」アメリカ人について論じている。インディアンが彼らの町にやって来ると、「彼らはそっとしておいて欲しいのに皆その回りにひしめき、じろじろ見たりして、迷惑がらせたりしがちである」（池田孝一訳）。

（5）二輪幌馬車

軽快な一頭立て二輪馬車。二人座席で折りたたみ式幌付き。馬は「駅馬」駅で交代する。

（6）ノルウェーマイル

ノルウェーとスウェーデンの旧マイルは三六〇〇〇フィートだが、両国ではフィートが違うので、一ノルウェーマイルは一一・二九五キロメートル、一スウェーデンマイルは一〇・六八八キロメートルになる。

（7）テンスベル

テンスベル市長ヤコブ・ヴルフスベルグは、デンマーク王立委員会のために行方不明船の一件を調査する判事の一人だった。

（8）「素晴らしく心地よい」

W・クーパー（一七三一―一八〇〇）の『閑居』第一巻七四〇行「何と心地よい、何と素晴らしく心地よいのか、孤独は」。クーパーは、ヤング同様、瞑想的な前ロマン主義時代の詩人で、ウルストンクラフトは大変気に入っていた。鬱病を患い何度か自殺未遂をおこしている。その静謐で内省的な筆致は、ロマン主義時代の自伝的作品の先駆けとなった。

（9）風鳴琴

一八世紀に珍重された、共鳴箱に調律された弦を張った楽器。人が弾くのではなく、窓のそばにおいて自然の風を受けることにより音が出る。「自然」が人間の心や想像力に及ぼす力の象徴となり、コールリッジやシェリーの詩などに歌われた。英語では「アイオロス（ギリシア神話の風の神）の琴」と呼ばれる。

（10）若き日の友

ファニー・スキーズ（一七五七—八五）。旧姓ブラッド。その人柄と教養に影響を受けたウルストンクラフトは共同で学校を経営した。結婚してリスボンに渡った直後早産し、駆けつけたウルストンクラフトの腕の中で亡くなった。ゴドウィンは『ウルストンクラフトの思い出』でファニーはメアリの「愛の対象」であったと述べ、この一節を引用して二人の友情を讃えている。

第七の手紙

（1）デンマーク王

一三九七年のカルマル連合成立によって北欧三国は一人の君主のもとに合同し、デンマーク女王マルグレーテが王位についた。一五二三年にスウェーデンが連合を離脱して独立、一八一四年のキール条約によってノルウェーはデンマークからスウェーデンに譲渡され、翌年の連合法制定でノルウェー・スウェーデン連合王国が成立し、英国に倣った立憲君主国となった。ノルウェーがスウェーデンから独立するのは一九〇五年である。

（2）自由の恩恵

一七世紀にデンマーク王による君主制は絶対的になり、種々の貴族議会は廃止された。ノルウェー人は自らを独立王国と見なし、一八一四年の連合廃止まで市民軍などを含む多くの自治権を維持し続けた。ノルウェー人は地理的な要因と国民性から独立心が強く、英国人やアメリカ人に共感を抱いた。ウルストンクラフトはこの点を高く評価している。

（3）クリスチャニア

一六二四年から使われたノルウェーの首都名。一九二五年に北欧語の旧名オスロに戻った。

（4）王太子

後のフレゼリク六世（一七六八―一八三九）。一七八四年、国王の秘書官として保守反動の宮廷政治を行った神学者グルベア一派を追放し、精神を病んでいた父王クリスチャン七世の摂政となり、一八〇八年王位についた。母カロリーネ・マティルデ（イギリス王ジョージ三世の妹）は、一七七二年に寵臣が処刑され、国王との婚姻も解消の上国外追放となっていた。第一八の手紙参照。一七八八年、デンマークは同盟国ロシアの要請に応じて、スウェーデンにノルウェー兵一万余を急派したが、英国などの仲介により停戦協定が結ばれた。一七八八年の遠征は対スウェーデンの戦争で、第五の手紙と同・注（8）「最後の戦闘」にあるクヴィストルム橋の戦闘で終結した。ウルストンクラフトの彼に対する好意的な記述は後に変化する。

（5）コペンハーゲン

一四四三年からデンマークの首都および連合君主国の中心地。

（6）共有地

ノルウェーの共有地は、家畜に草を与えるなど、住民が一定の伝統的な権利を行使できる場所である。英国ではこの権利が囲い込み運動によって侵害された。ノルウェーに関する所見の至る所で、ウルストンクラフトは下層階級が比較的独立していることに感銘を受けている。

（7）通商制限

一六七〇年の航海条例によって、すべてのアイルランドの物品は、植民地との貿易の前にイングランドの港の通過と物品税納入が義務づけられた。母がアイルランド人であるウルストンクラフトは、本書でアイルランドとイングランドの関係とノルウェーのデンマークへの従属の相似点をいくつかあげている。

（8）西インド諸島

アフリカ、西インド諸島、ヨーロッパの三角奴隷貿易の一角。デンマークは西インド諸島に植民地があったが、廃止を宣言する王命を一七九二年一月に発布して、ヨーロッパで初めて奴隷貿易を撤廃した。これは一八〇三年発効の予定だったが、実際には一八〇七年まで実施されなかった。数千人のアフリカ人が王命が実施されるまでに運ばれ、デンマークの港からの違法貿易は、植民地の奴隷制が廃止される一八四〇年代まで続いた。イムレイは奴隷貿易船に荷担していたとされる。ウルストンクラフトは、第二四の手紙で商業の偽善性全般を批判し、奴隷貿易にも言及している。

（9）フランス革命

恐怖政治の苛酷な体験にもかかわらず、ウルストンクラフトは基本的にフランス革命の長期的な好影響、特に、男性と女性の権利に関するそれを疑わなかったようである。

（10）クヴィストルム

フレゼリク王太子は、一七八八年ノルウェー軍とともにスウェーデンに侵攻し、クヴィストルム・ブローでの遭遇戦で小派遣隊を捕らえた。

（11）ベアンストーフ伯爵

A・P・ベアンストーフ（一七三五—九七）。デンマーク外相（一七八四—九七）を務めた期間、摂政フレゼリク王太子の下で事実上首相の役割を果たした。デンマーク王家と深い関係を保ちつつも、自由主義改革や対仏同盟不参加の武装中立政策を実行して、傑出した指導力を発揮した。第五の手紙・注（8）「最後の戦闘」および第二一の手紙・注（1）「ベアンストーフ伯爵」参照。

（12）自由思想

ウルストンクラフトの著作を出版したジョンソンは、一七八〇から九〇年代の著名な自由思想宗教家、中でもユニテリアン派のジョゼフ・プリーストリーの著作を上梓した。ユニテリアン派は、ここで紹介されているノルウェーの著述家のように、三位一体の教義とイエスの神性を否定したことで知られる。

（13）ドイツの教育に関する著作

デンマークの文壇はドイツの教育哲学に大きな影響を受けていた。ウルストンクラフト自身もクリスチャン・ザルツマンの『子供のための道徳原理』を、一七九〇年にジョンソン書店のために翻訳している。

（14）セトゥーバル
ポルトガル南西部の市、漁港。上質の塩を輸出している。

（15）大学
一八一一年、ノルウェー初の大学が人口わずか一万二千人にも満たなかったクリスチャニア（オスロ）に設立された。

（16）ウィンザー宮殿の礼拝堂
ジョージ三世は一七八九年、王宮をウィンザー宮殿に戻し、在位中に聖ジョージ礼拝堂を含む建物のほとんどを復元・改築した。ウルストンクラフトは一七八〇年に聖ジョージ礼拝堂を訪れた際の自分の不敬なふるまいを面白く紹介している。そこにはゴシック建築の「陰翳」と「神々しい錆」に対する彼女の滑稽な称賛のみならず、英国国教会に対する信心がやや浅いことも見てとれる。しかし、それに続く、死体の防腐処理への嫌悪を述べた一節は、人間の死に関する、より真摯な考察を示している。ウルストンクラフトの宗教観にはこれら両方の要素があり、ゴドウィンは『ウルストンクラフトの思い出』でこの複雑な様相に注目している。この礼拝堂回想の一節は、当時のゴシック趣味と崇高趣味、特にバークが強調した「陰翳で隠された部分がいっそうの広がりを目に感じさせる」様相に対する興味を反映したものである。ウルストンクラフトは、この一節で壮麗な礼拝堂を矮小化することで、ゴシック崇拝の幻想を揶揄している。彼女を含む多くの急進論者は、それを教会権威と結びつけて考えた。

(17)「灰は灰に!」

「灰は灰に」と「塵は塵に」は英国国教会祈禱書(一五四九)の「死者埋葬式」冒頭の一節にある。「創世記」第三章第九節にあるアダムとイヴの堕落を指している。

第八の手紙

(1)漁師は悠然と網を投じ

以下の「崇高」な自然描写の一節は、その感傷的な筆致が批判を招くこともあり、ウルストンクラフトが、意識的に旅行記という文学ジャンルの趣味に訴えていることは否定できない。しかし、ワーズワスやコールリッジに見られるロマン主義時代の、風景との直接の交感の描写の先駆けともなっている。

(2)足台

「イザヤ書」第六六章第一節「主はこう言われる、「天はわが位、地はわが足台である。……」」を踏まえている。

(3)スターンの問いかけ

ローレンス・スターンの『センチメンタル・ジャーニー』（一七六八）の主人公の言葉「そして君の心はまだそんなに暖かいのか、マリア」。滑稽で感傷的な男女の戯れの場面で、主人公ヨリックが涙にぬれたハンカチを悲しみに暮れるマリアに差し出す。彼女はそれを洗って自分の豊満な胸で乾かすと申し出る。ヨリックは、この優しい申し出に期待を込めて嬉しそうにこの言葉をつぶやく。ウルストンクラフトがこの挿話を思い起こしたのは興味深い。イムレイに対する複雑な思いが見てとれる。

（4）鉄泉

健康のために飲用する鉱物成分を含む温泉。

（5）海水浴

山歩きと同じように、海水浴の流行はロマン主義時代によって先鞭をつけられた。摂政ジョージ四世がブライトンで行ったことで王室御用達となった。コールリッジ、シェリー、バイロンも世界各地で海水浴をしている。

（6）幼いヒトデ

クラゲ。前段落の死についての深い内省と、この段落のクラゲの美しさを称える自然描写、すなわち内的省察と外的観察の組み合わせの妙に、ウルストンクラフトのロマン主義的特質が見られる。

（7）リスボンにいた時

ウルストンクラフトは親友のファニー・スキーズの看護をしながら一七八五から六年の冬をリスボンで過ごした。第六の手紙・注（10）「若き日の友」参照。

（8）デンマーク語

デンマーク語は一八世紀を通じてノルウェーの公用語であった。

（9）父親

イムレイに向けられた、ウルストンクラフトの自伝的な一節で、彼女の想像につきまとった不誠実なイムレイ像が読者の中にも形成されていく。出奔した父親との類比には不正確な面があり、少なくともイムレイはウルストンクラフトがゴドウィンと結婚するまで、彼女と娘を支援しようとした。

（10）二人のペルー人

太陽神直系の子孫を標榜したペルーのインカ帝国王朝への言及。「二人のペルー人」は、おそらくドライデンの戯曲『インド女王』（一六六三）と、パーセルの同名の音楽劇（一六九五）におけるインカ王とその娘。

（11）プロメテウス

巨人神の一人で、天上から火を盗んで泥人形に生命を吹き込み人類を創造した。ゼウスの怒りに触れ、罰として岩に鎖でつながれ鷲に肝臓を食われた。

（12）フランシス

彼女の娘ファニー。

第九の手紙

(1) **キャピュレット家の納骨堂**

ロミオとジュリエットが自害した、ジュリエットの家代々の納骨堂。

(2) **利益と労働の間の調和の欠如**

アダム・スミスの『国富論』を思わせる。

(3) **デカディ**

フランス革命暦では、各月は一〇日ずつの三週に分割された。こうして一〇番目の日すなわちデカディは、公式に休息とくつろぎの日となり大歓迎された。対照的に英国の日曜日は、陰気で無気力な日——劇場もスポーツもダンスも酒場もない——として一九世紀に入っても名高かった。

(4) **ローンボウリングや九柱戯**

芝生の上で木球を転がして的に近づける遊びと、球を転がして九本の木柱を倒すゲーム。

(5) **気候**

森林伐採に起因すると思われる、非常に局地的な降雨の減少への言及であろう。

(6) **黄金時代**

ここまでウルストンクラフトはノルウェーの質素な美徳を賛美して来たが、ここでは原始社会の質実剛健で男性的な美徳に対するルソーの傾倒を批判している。本書の重要な部分をなす彼女の推考は、ルソーの『孤独な散歩者の夢想』に多くを負っているが、ウルストンクラフトの思索は絶えず「世界の洗練された地域」へと立ち戻る。原初の「自然状態」での人類の無垢な幸福という概念は、ルソーの『人間不平等起源論』（一七五五）での提議がよく知られているが、後の『エミール』（一七六二）では放棄された。ウルストンクラフトは『女性の権利の擁護』で、社会の発展の可能性を否定するとして、次に見られるように一貫してこれを批判している。「ルソーはすべてが元来正しかったと証明しようと努める。無数の著述家はすべては現在正しいと証明したがる。そして私は全てが正しくなるだろうと証明したい。しかし、ルソーは最初の主張に忠実に、自然状態の次に野蛮を賛美する。」第一の手紙・注(10)「黄金時代」参照。

第一〇の手紙

（1）美しい線

第三の手紙・注(15)「美しい線」参照。

（2）ドライデンの花と葉の寓話

ドライデン『花と葉』（一七〇〇）。チョーサーの作品を翻案した寓話で、花の束の間の喜びと、努力の報いとしての月桂樹の葉を対比している。陽光に揺らめいてそびえ立つブナの木々を見上げているウルストンクラフトは、前者を好んでいるようである。

（3）公益

共和主義や功利主義的思想全般の主要な価値基準。一例としてゴドウィンも『政治的正義』（第二版、一七九六）で「倫理とは最大の公益に対する配慮によって決定される行動体系である」と述べている。

（4）陪審員裁判制度

英国の制度を模範とした陪審員裁判制度は、ノルウェーでは一八一四年の新憲法制定まで導入されなかった。

（5）ヘルゲラーク

現在のヘルゲロア。ラルヴィクからリーセール方向に少し西に離れた海沿いの村。

（6）一陣の風が

一七九〇年代に詞華集に広く載せられた、ゴールドスミス『旅人行』（一七六四）の一〇三―四行からの引用。ウルストンクラフトは若干間違えて引用している。

（7）リーセール

イムレイ所有の貨物船「マリアとマルガリータ号」が行方不明になった時船長をしていたペーデル・エッレフセンの故郷。ウルストンクラフトはここでエッレフセンと直談判し、部分的な自白を引き出している。

（8）ヌートカ湾

カナダのブリティッシュ・コロンビア州バンクーバー島西岸の入り江。ヌートカ島との間の海峡を含む。英国とスペインが領有権を争った。一七八九年二月スペインがこの領域の主権を主張したことから、両国政府間が緊張し「ヌートカ危機」が起きたが、協定締結で大規模な戦争は回避された。

第一一の手紙

(1) 一五ドル

ウルストンクラフトの「注釈」から換算すると、ノルウェーの一五リクスドル(一九世紀までドイツ、オランダ、北欧などで用いられた銀貨)は、一八世紀英国の三ポンドに当たる。

(2) 心を痛めたのです

人口と資源に関するこの議論は、ゴドウィンの好敵手であるマルサスの『人口論』(一七九八)で取り上げられることになる。マルサスは一七九九年にスカンジナビアを訪れた。

(3) 牢獄につながれる

パリ南西部にある政治犯収容のバスチーユ牢獄は、一七八九年七月一四日にパリ市民の手に陥落し、フランス革命の火ぶたが切られた。この牢獄の名前(bastille)が動詞として用いられるのは希で、オックスフォード英語辞典は、これより早い例(一七四二年)を一つだけ挙げている。ウルストンクラフトは『女性の虐待』第一〇章でも「結婚が私を生涯牢獄につないだ」と主人公に述べさせている。密輸を生業とする未開の閉ざされた奥地で、ウルストンクラフトは驚愕し、フランスの旧体制や彼女の精神の束縛を思い起こしている。

（4）心の思いやりの泉

この言葉は『女性の権利の擁護』第五章および第一二章と『女性の虐待』第九章でも用いられている。前者では少年の持つそれを涸らすような教育を嘆いている。

（5）当てつけ

ウルストンクラフトは、その臭気に加えて、「紳士の喫煙室」という文化全体を批判しているようである。「当てつけ」は、イムレイに対してはそのような嫌悪感を抱いていないことを意味するのだろう。

（6）藪や茨を

ウィリアム・クーパー『詩集』第二巻（一七九五）「無駄な恐れ」第六行。

（7）自分の時間を都会と田舎とに分けたい

このような、都会の住居と田舎の広大な家を行き来する、理想の著述生活は英国知識人の永遠の夢であった。またこれは、一八世紀当時、パリからサンクトペテルブルグに至るヨーロッパ貴族の生活様式を反映している。

（8）用務

「マリアとマルガリータ号」の積荷を横領した疑いのある船長エッレフセンに関する件を、彼の故郷リーセールで解決を試みた、ウルストンクラフトの尽力の最終段階。英国の副総領事はニコラス・フェンウィッチで、デンマークのヘルシンゲーアに駐在していた。ノルウェーには三人の領事が在住し、そのうちの一人クリスティアンサンにいたジョン・ミッチェルがリーセールに最も近かった。

（9）**ポーランドを分割した者たち**

ポーランドは一七七二年、一七九三年、一七九五年の分割でオーストリア、プロシア、ロシアの三国に分けられた。ポーランド国家の存立は自由主義者や急進主義者の関心を大いに呼んだ。

（10）**魔法の島**

『あらし』に登場するプロスペローの島。

第一二の手紙

（1）**道徳と信条に基づいた幸福への道しるべ**

ウルストンクラフトは、旅行中七月三日にイェーテボリからイムレイに宛てた書簡でこう述べている。「愛が私の心には不足しています。最近私は以前より注意深く自身を省みて、精神を鈍くすることと落ち着かせることは別であると気づきました――平静になろうとして、もう少しで私の魂の活力をすべて損なってしまう――それを尊敬に足るものにしているものをほとんど取り出してしまう――ところでした。そうです、あの熱意に溢れた性格を抑制してしまったのです。熱意が最も粗末な材料を燃料に変え、それがいつの間にか希望の灯をともし、凡俗の楽しみを超えた志となるのです。絶望感のせいで、娘の誕生以来、私は愚かになりました――魂と肉体が、精気を奪う落胆の手に触れてしおれて行くようでした」。この書簡と同様に、感情を抑制し悲しみを客観的に処理しようとすることの愚かさを訴えるこの一節は、イムレイに対するこの時期の思いを吐露していて、自伝的要素が色濃く出ている。

（2）押し寄せてくる妄想

『マクベス』第五幕第三場。「押し寄せてくる妄想」は罪の意識に苛まれるマクベス夫人の幻覚を指している。

（3）素晴らしい子牛

子牛（calf）には愚か者、馬鹿者の意味もある。「素晴らしい子牛」は、『ハムレット』第三幕第二場の、ハムレットの地口に富んだ台詞「素晴らしい馬鹿者（calf）を殺すなんて、ちと残酷だったね」（市川三喜訳）を踏まえている。

（4）家庭の幸せ

ちなみにゴドウィンは『ウルストンクラフトの思い出』第九章で、彼女と持った家庭の幸せを描写している。一七九七年に結婚したゴドウィンと当時三歳のファニーとの間に愛情が育つのを見て、ウルストンクラフトが喜んだことなどを、彼は感慨深い筆致で紹介している。

（5）新しい知り合い

ウィリアム・ウィッチャリーの『田舎女房』（一六七五）第三幕第二場で、スパーキッシュ氏がハーコート氏にこう言う。「君を長い間知っているが、いつも新しい知り合いと同じくらい君に親愛の情を覚えるよ」。

（6）野生の雁

無益な試みや当てのない追求を表わす「野生の雁の狩り」という慣用句が用いられている。

第一三の手紙

（1）アンケル氏

ベルナルト・アンケル、王立協会特別会員。ノルウェーの代表的実業家で親英家。国内最高の私設図書館や科学器具の収蔵品を持ち、国内の製材所の大半を所有していた。ウルストンクラフトはエッレフセン事件に関して、支援と助言を得ようと努めた。

（2）コペンハーゲンで印刷される新聞

デンマークの新聞は、内容の多くが外国の新聞からの転載記事だった。ウルストンクラフトが言及している記事も、フランスに敵意を抱く英国の報道の転載と思われる。

（3）やむをえないという暴君の口実

ミルトン『失楽園』第四巻三九三―四行、「このように悪魔は言ったが、例の、必要やむをえざるがゆえに、／という暴君の好む口実を用いて、自分の悪魔的な行為を弁解した。」（平井正穂訳）。

（4）ロベスピエール

ジャコバン派の指導者で、ウルストンクラフトのジロンド派の友人多数の命を奪った。一七九四年七月にテルミドールのクーデターによって処刑された。英国の急進主義者は概して、ロベスピエールが恐怖政治を強行してフランス革命を欺いたと考えた。ルソーの熱烈な崇拝者。

（5）気も狂わんばかりに傷ついた感受性の発露

ノルウェー人の気質を紹介しながら突然の心情吐露に至るこの一節で、ウルストンクラフトは、イムレイが貿易事業と他の女性のために彼女を見捨てたために味わった苦悩を浮き彫りにしている。一七九五年五月の終わりに絶望した彼女はアヘンチンキによる自殺未遂を起こした。スカンジナビアから帰ると、イムレイに別の愛人がいることを知り、再びパトニー橋からテムズ川に投身自殺を図ったが一命を取り留めた。自身の感受性について語ることで、それを抑制しているところはいかにも彼女らしい。イムレイと離れていることの苦悩は、彼女の脳裏を離れず、リーセールからイェーテボリへの帰途の記述に濃い影を落としている。

（6）岩が焼かれた後で

ミョウバンは石炭で溶融して岩から抽出され、熱湯で洗浄される。残される赤い汚れは鉄塩によって生じる。これを搾取という表象で捉え、あたかも母なる大地が人間に襲われて血を流しているかのように見るのは、いかにもウルストンクラフトらしい。印刷、染色、皮なめしの工程で使われるミョウバンは、イムレイがフランスに船で運んでいた鉱石の一つ。

（7）コックス氏

ウィリアム・コックス『ポーランド、ロシア、スウェーデン、デンマークへの旅』第三巻（一七九〇）。「万年雪」はクリスチャニア到着の場面に出てくる。

（8）英国の軍艦

英国は海軍用の物資、兵器、その他必需品のフランスへの供給を絶つために、スカンジナビア半島とバルト海の港を海上封鎖していた。イムレイはそれをかいくぐって貿易をしていた。

（9）旧制度《アンシアン・レジーム》

革命以前のフランスの絶対君主制と封建的政治・社会制度。フランス語の「アンシャン・レジーム」は一七九四年に初めて英語の中で用いられた。

（10）アイルランド人

デンマーク支配下のノルウェーをイングランド統治下のアイルランドになぞらえた記述の一つ。ここではノルウェーの大行政官の持つ権力を、アイルランド在住で英国国教会のイングランド人支配層にたとえている。アイルランドのカトリックの人々は政治活動から締め出されていた。第七の手紙・注（7）「通商制限」参照。

（11）六年間監禁されている男性

クリスティアン・イェンセン・ロフトフース（一七五〇―九七）。一七八六年に、重税と役人による農民の不当な扱いに対する不満を摂政王太子に訴えた。彼を逮捕しようとする動きが、小作人の広範な暴動を引き起こした。翌年彼は投獄され岩に鎖でつながれ、一七九七年に獄死した。

(12) **鉄格子**

ウルストンクラフトは、刑務所の改善に大きな関心を抱いていた。おそらくパリでの体験によるのだろう。第一九の手紙参照。

(13) **ホッテントット族**

アフリカ南部の先住民コイコイ族にヨーロッパでつけられた名称。ルソーの『人間不平等起源論』など一八世紀の著作に、最も原始的で未開状態の人間の典型として頻出する。文明化以前の人々全般を指す言葉として広く用いられるようになった。

(14) **きれいな別荘とその英国風庭園**

ベルナルト・アンケルの息子ペーデル・アンケル所有の別荘と庭園。アンケル家は有力者で、マルサスなどクリスチャニアを訪れた外国人を多くもてなしていた。第三の手紙・注(12)「英国の造園」および第一三の手紙・注(1)「アンケル氏」参照。

第一四の手紙

(1) **ゴシック様式**

ウルストンクラフトのバークの保守主義に対する批判が、再びゴシック様式に対する嫌悪の形で表れている。彼女は『女性の権利の擁護』でも、ゴシック建築を野蛮な時代のものと批判している。

第七の手紙・注(16)「ウィンザー宮殿の礼拝堂」参照。

(2) プライス博士

リチャード・プライス(一七二三―九一)。ウルストンクラフトが一七八三年から八五年まで住んでいたニューイントン・グリーンの非国教派牧師。プライス博士が説教をしたユニテリアン派の礼拝堂が、彼女が営んだ学校の筋向かいにあったことから親交を結び、彼女の助言者となった。数学者、哲学者、民主主義者でもあった彼は、英国の急進主義者の間で大きな影響力を持ち、アメリカ独立戦争とフランス革命の両方を支持する説教を行い、議会改革を唱道した。一七八九年に行った名誉革命(一六八八)百周年記念演説は、バークが『フランス革命についての省察』を執筆する契機となり、間接的にウルストンクラフトの『女性の権利の擁護』の執筆につながった。

(3) 黄金時代の物語

第一の手紙・注(10)および第九の手紙・注(6)「黄金時代」参照。

(4) 山のニンフ

ミルトン「快活の人」から。「さあ、かるがると、おもしろおかしく/踊りながら行くのだ、あの愛らしい/丘のニンフ〈自由〉を右手に従えて」(髙橋康也訳)。ウルストンクラフトはこの一節で、周囲の状況に反してでもさらに北ノルウェー内陸部への旅を続けて、精神的支柱となる「信念」を求めたいと切望している。

(5)「ほほえみを絶やさぬ自由」

ヘンデルのオラトリオ『ユダス・マカベウス』にある歌詞。

（6）**自由私有地権**

直系の相続人が、家族が権利売却に付した土地を、元の購入価格で再購入できる土地私有の権利。この権利は、競売や教会への寄付などの他の譲渡形態から地所を守り、家族内での相続を可能とし、自由農の地位を保証した。他方、進歩的な大規模農民が、英国のように適切な資本投資を行って、小自作農地の買収とその統合集約を進めることの障害ともなった。ウルストンクラフトが記しているように、一八世紀の改革によって、期間の制限が設けられた。ノルウェー農業はこのように前時代的で生産性が低く、住民を苦しめていた。この場合に限っては、「権利」が「進歩」と対立したことになる。考えられる解決法は、国の助成金制度であった。

第一五の手紙

（1）『リア王』

第三幕第四場一一―一二行。

（2）**失望**

以下の三つの文章は、一七九五年六月二〇日に英国のハルで書かれたイムレイ宛の私信からほぼそのまま採られている。前書き・注（2）「それぞれの話の小さな主人公」参照。

（3）**死はどんな形であれ**

この一節は、松林の植物学的に正確な描写に始まり、「生存競争」への言及がダーウィンの進化論を予示するかのようで興味深い。いかにもウルストンクラフトらしく、一種の精神の再生としての死、つまり「自由になっていく……何か」の詩的洞察となっている。林に見られる有機的社会が人間精神の進化の可能性を反映していると彼女は示唆している。これは後期のロマン派詩人にとって主要な主題、そして支配的な観点となった。

（4）滝

フレドリクスター郊外の滝と第一七の手紙にあるイェーテボリ近郊のトロルヘッタン滝は、コールリッジの「クブラ・カーン」の幻想的な泉の描写に影響を与えたと思われる。第一七の手紙・注（2）「地球の真っ只中から水を吹き上げる巨大な泉」参照。

（5）北方の海で目撃されたという怪物

英国人は水中深く住む怪物に長年興味を抱いてきた。伝説的なノルウェーのクラーケン（深海に住むという巨大な怪物）や人魚は、当時の英国の多くの教科書に載っている。

第一六の手紙

（1）ストレムスタード

ウルストンクラフトはノルウェーから海路国境を越えてスウェーデンに渡った。

（2）ウッデヴァラ

スウェーデン沿岸の富裕な町。ロシア・スウェーデン戦争中の一七八八年、この地で締結された和平協定によって侵攻したノルウェー軍が撤兵し、イェーテボリが侵略されるのを免れた。

（3）長老《ネストール》たち

ネストールは『イーリアス』、『オデュッセイア』に登場するピュロスの王で、ギリシア軍の賢明な老顧問。トロイ遠征軍の最年長。転じて賢い助言者、長老を指す。

（4）不幸な母親

困難や不快な出来事を辛口のユーモアを交えて描いたこの手紙以降、明らかに文面は暗くなる。おそらくイェーテボリで待ち受けていた手紙から、イムレイがハンブルクでウルストンクラフトを迎えることができなくなったことを知ったのであろう。彼女は疲弊し絶望を深めていく。

第一七の手紙

（1）運河

トロルヘッタン運河。一八〇〇年完成。内陸のスウェーデン最大の湖ヴェーネン湖とイェーテボリ港、そしてカテガット海峡を結ぶ。バルト海までの延長計画もあった。

（2）地球の真っ只中から水を吹き上げる巨大な泉

この一節は、コールリッジの「クブラ・カーン」にある、大地の裂け目から噴き出す幻想的な泉を始め、ワーズワスやシェリーの作品に描かれる心象に影響を与えたと思われる。

（3）離婚

ウルストンクラフトは、スウェーデンの寛大な離婚法を称賛すると同時に、結婚制度に対する本質的な批判と捉えている。第一九の手紙にある、非公式の婚約と婚前交渉についての議論参照。

（4）ファルケルスベリ

現在のファルケンベリ。

第一八の手紙

（1）野営地の流行

英国の軍事野営はアメリカ独立戦争（一七七五—八三）時に確立され、対仏大同盟の時期（一七九三—一八一五）まで注目を集めた。野営地と軍事演習には多くの見物人が出かけた。ウルストンクラフトの冷めた口調は、そのような見せ物に対する社会改革論者の批判を示している。

（2）最近の火事

一七九五年六月九日に発生した大火はコペンハーゲンの四分の一を焼き尽くした。市中心部の市庁舎、聖ニコラス教会を含む約千の建物が焼失した。ウルストンクラフトは被災地の惨状を見て、自身の苦難も相まって意気消沈する。

（3）王宮

王宮が崩壊したのは大火の一年前の一七九四年の火事。

（4）心弱き人々

フレゼリク王太子に対する批判は第七の手紙での好意的な記述とは逆転している。前書き・注（2）「それぞれの話の小さな主人公」および第七の手紙・注（4）「王太子」参照。

（5）マティルデ

カロリーネ・マティルデ王妃（一七五一―一七五）。ウルストンクラフトは彼女の悲運の生涯に心を奪われていた。イングランド王ジョージ三世の妹で、一五歳で情緒不安定著しいクリスチャン七世と結婚した。クリスチャン七世は一七六六年に一七歳でデンマーク王位に就く。彼の乱暴な言動は、宮廷医師のストルーエンセによって抑制されるようになったが、おそらく麻薬が投与されたと思われる。マティルデとストルーエンセはやがて国政を牛耳るようになり、自由主義の体制改革を押し進めてデンマーク宮廷内に多くの敵を作った。二人は情を通じ、クリスチャン七世は彼の子とは思われないマティルデの女児ルイーズを認知するよう迫られた。ついに一七七二年、王太后と王太子フレゼリク（六世）が彼らの失脚をもくろみ、ストルーエンセは捕らえられて残虐に処刑され、マティルデは投獄されるが英国の軍艦に救出された。彼女はハノーバーのツェレで二四歳の生涯を閉じた。その後フレゼリクは、精神を病むクリスチャン七世が一八〇八年に没するまで摂政を務めた。

（6）虫にとってのいたずらな子供

『リア王』第四幕第一場三六―七行。

第一九の手紙

（1）処刑

トマス・ペインの『人間の権利』（一七九一）第一部などに見られるように、犯罪人の公開処刑に対する批判は一七九〇年代に進歩的思想家の間に広がっていた。

（2）不公平感

ここで述べられる犯罪者の心理は、ゴドウィンとウルストンクラフトの娘メアリ・シェリーの『フランケンシュタイン』（一八一八）の主題と通じる。一八一四年、彼女とヨーロッパへ駆け落ちした詩人シェリーは、本書『手紙』を携え彼女のために朗読している。

（3）ピット首相

ウィリアム・ピット（小ピット）（一七五九―一八〇六）。一七八三―一八〇一年と一八〇四―六年に英国首相を務め、革命フランスとナポレオンの不倶戴天の敵として戦った。一七九二年以降弾圧的な戦時政策をとり、彼の秘密諜報機関は英国内外で有名だった。ピットの政府はデンマークの中立政策とストルーエンセのフランスへの共感に不満を抱いていたので、一七九四年と一七九五年の火事に英国のスパイが荷担したとの流言が広まった。

（4）幻の土台のない建物

シェイクスピア『あらし』第四幕第一場一五一行。

（5）民間療法

経験主義（empiricism）という言葉が用いられているが、ここでは一八世紀に一般的だった「いかさま療法」の意味を含んでいる。この言葉は一九世紀に入って初めて、実験と観察に基づいて結論を導く経験主義という現在の意味になる。サミュエル・ジョンソン（一七〇九―八四）の『英語辞典』（一七五五）には「知識や技巧がないまま経験に頼ること。いんちき療法」とある。

（6）親密度

ウルストンクラフトは、婚前交渉を容認する非公式な婚約の慣習を寛大に見ている。恋愛や結婚について彼女が偽善的な態度をとらずに直言を恐れていないことが分かる。第一七の手紙・注（3）「離婚」参照。

（7）フランスの虚栄と腐敗

北欧旅行の前年（一七九四）一二月出版の『フランス革命の歴史的・倫理的考察』でウルストンクラフトは、フランスの貴族政治の虚栄と腐敗に幾度も言及し、これを革命の要因と見ている。しかし『手紙』の進行につれて、社会慣習が洗練されるべきか素朴であるべきかの対立についての彼女の考え方は変化している。ここでのフランス批判の緩和は、その変化の表れと思われる。

第二〇の手紙

（1）芝居見物

『フランス革命の歴史的・倫理的考察』でウルストンクラフトは、ルソーの質実剛健称賛に倣ってフランスの劇場を「虚栄のための学校」と評している。しかしここでは、その考えを本書での思索の展開に沿って修正し、ルソーの道徳観から離れて文明の洗練の重要性を見直している。

（2）**社会全体の発展の最大の障害**

飲酒に対するウルストンクラフトの厳しい非難については、第三の手紙と同・注（1）「飲酒という野卑な慰み」参照。

（3）**一つの劇場**

一七八四年コペンハーゲンに開場した王立劇場。

（4）**『偽医者』**

モリエール作『いやいやながら医者にされ』（一六六六）は、医者を装った酒好きの木こりが登場する笑劇で、ヘンリー・フィールディングがそれをもとに『偽医者』（一七三二）を書いた。

（5）**ローゼンボー城**

一六〇六年から翌年までクリスチャン四世の夏の別荘として、その後一七一〇年まで王宮として使われ、その後王室の博物館となった。

（6）**公立図書館**

王立図書館。フレゼリク三世によって一七世紀に設立され、一七九三年から一般に開放された。貴重なアイスランド初期の写本を収める。

（7）成長と共に成長し、力と共に力を増す

アレグザンダー・ポープ『人間論』（一七三四）第二書簡一三五―六行。「いづれは人間を征服する病気の萌芽が、／人間の成長とともに成長し、人間の力とともに力を増す。」（上田勤訳）。ウルストンクラフトは一部誤って引用している。

（8）パリに建設中の壮麗な美術館

ルーブル美術館は公立博物館として一七九三年八月、恐怖政治の絶頂期に開館した。押収された多くの絵画によってヨーロッパ随一の美術館となり、アミアンの和約（一八〇二）以後は、ターナーや若きハズリットなど多くの英国人がその秘蔵品を見に訪れた。

（9）一匹の犬

クリスチャン七世が精神障害を患っていた時期に、自分の犬を侍従に任命したいと願ったという逸話がある。

第二一の手紙

（1）ベアンストーフ伯爵

一七八四年から没年（一七九四）までデンマーク外相。国内では自由主義的改革政策をとり、国外ではノルウェーとスウェーデンに勢力を及ぼし、スカンジナビア全体で、拮抗するヨーロッパ諸

国に対する武装中立の基盤を築いた。あらゆる対仏同盟への加入を拒み、一七九四年にスウェーデンと中立条約を締結した。彼の死後、デンマークはスカンジナビアでの確固たる影響力を失い始める。第五の手紙・注（8）「最後の戦闘」および第七の手紙・注（11）「ベアンストーフ伯爵」参照。

（2）ネッケル

ジャック・ネッケル（一七三二―一八〇四）。スイスの銀行家、自由主義の著作家でフランスの財務総監を務め、バスチーユ牢獄陥落直前に罷免された。ウルストンクラフトは彼の『宗教的意見の重要性について』をジョンソン書店のために翻訳した。

（3）ラヴァーター

ヨハン・カスパー・ラヴァーター（一七四一―一八〇一）。スイスの詩人でプロテスタント牧師。顔面の特徴から性格を分析する観相学の開祖。ウルストンクラフトは彼の本を翻訳したが興味は抱かなかった。かつてウルストンクラフトが心を寄せていた画家のヘンリー・フューズリの友人。当初は熱心にフランス革命を支持したが、一七九二年には革命の反宗教的暴力を批判する説教をしている。

（4）ハンブルク

ウルストンクラフトはこの旅行の用向きが終わったら、ここでイムレイと落ち合うことを考えていた。

（5）何と退屈、単調で無益なのか

『ハムレット』第一幕第二場一三三―七行。ウルストンクラフトの記憶に頼った引用には脱落と誤りがある。

第二二の手紙

（1）**大ベルト海峡**

コペンハーゲンのあるシェラン島とその西に位置するフュン島の間の海峡。コアセアはシェラン島西岸にあり、ヨーロッパ大陸への船が出る。フュン島とその西にあるユラン半島との間は小ベルト海峡と呼ばれる。

（2）**ライン川**

一七九五年三月プロシア軍はフランス革命軍にライン川を明け渡した。

（3）**パニエ**

一八世紀に流行した張り骨入りのスカート。ウルストンクラフトは、身体を締め付ける女性の服装にたびたび言及している。彼女のフランス風のゆったりした服装は、スカンジナビアの女性の関心を呼んだと思われる。

（4）**小ベルト海峡の横断**

ウルストンクラフトはデンマークから大ベルト海峡を渡ってフュン島に行き、さらに小ベルト海峡を渡ってドイツに入ろうとしている。

（5）**ウゴリーノ**

ウゴリーノ・デラ・ゲラルデスカ（一二二〇―八九）。イタリアの政治家。ピサで独裁権力をふるったが失脚し、息子二人、孫二人とともに塔に幽閉され、餓死した子どもを食べたが同じ運命をたどった。ダンテが『神曲』「地獄編」に飢えた猛獣として描いた。チョーサーも『カンタベリ物語』の「修道院僧の話」に描き、英国の画家も好んで題材にした。

（6）**ドイツのこの地域**

コペンハーゲン条約（一七六七）以来、ドイツ公国のシュレスヴィヒおよびホルシュタインはデンマークの統治下にあった。

（7）**ヘッセン＝カッセル地方伯カール**

ヘッセン＝カッセル地方伯フレデリック二世と、英国王ジョージ二世の娘メアリ王女の間に一七四四年に生まれ、一八三六年没。デンマークで軍人としての経歴を積み、シュレスヴィヒ＝ホルシュタイン公国の総督を務めた。

（8）**肉体が受けねばならぬ数々の苦しみ**

『ハムレット』第三幕第一場六一―二行。「この肉体が受けねばならぬ心の苦しみ、悩みのかずかず」（市川三喜・松浦嘉一訳）。再び不正確な引用。これらの誤った引用から、ウルストンクラフトは台詞が諺のように口をついて出るほどこの芝居をよく知っており、記憶だけを頼りに引用したことがうかがえる。『ハムレット』が絶大な人気を博し、自らを主人公に重ねることはロマン主義時代によく見られ、コールリッジやハズリットがシェイクスピア論で触れている。

（9）ミルトンの描く堕天使のように

『失楽園』第一巻四二八―三一行で、ミルトンは堕天使がその姿を変える様子をこう描いている。「……自由自在に／形を変え、ある時は拡大し、ある時は凝縮し、また時には／輝ける者、時には暗き者となり、空中を飛翔しながら己の／目的を遂行することができ、……」（平井正穂訳）。また、七七五―九八行では、万魔殿《パンデモウニアム》に終結したおびただしい数の堕天使が、身体を縮めて大広間に入る場面が描かれている。

（10）この世はすべて舞台

『お気に召すまま』第二幕第七場一三九行。

（11）ゆかしい面影

第四の手紙・注（4）「ゆかしい人の面影」参照。

（12）天に宝をたくわえる

「マタイによる福音書」第六章第二〇節「天に、宝をたくわえなさい」。

（13）昨年の春

一七九五年四月、パリからロンドンに戻ったウルストンクラフトは、イムレイが他の女性と暮らしていることを知って自殺未遂を起こす。

第二三の手紙

（1）自由都市

神聖ローマ帝国では、自由帝国都市は地方主権や封建諸侯に所属せず皇帝に直属した。ハンブルクは一一八九年に自由都市となった。

（2）にわか成金

原文では「キノコのように急速にはびこる富」で商業や投機に関する表現。対革命フランス戦争の混乱に乗じて財産をなした人を指す。イムレイもその中の一人と言えるだろう。

（3）「高い地位から落ち――没落した」

フランス革命から国外に逃れた貴族を指す。引用は、ドライデン『アレクサンドロス大王の饗宴』（一六九七）第四巻七七―八行。

（4）聖ルイ十字勲章

一六九三年ルイ一四世が制定し、一七九二年国民公会が廃止した軍功勲章。

（5）「天と地が彼らの願いに逆らったにもかかわらず」

アナ・レティシア・バーボールド（一七四三―一八二五）の『詩集』（一七七三）にある「歌一」一九―二〇行。引用にはわずかな誤りがある。この叙情詩は「恋のきざし」の題名で知られ、真の恋心の兆候を列挙する。

（6）厳しい口調

この旅行記全体の性格を一変させかねない一節。ウルストンクラフトの紀行文作家としての声はここで見捨てられた恋人のそれに変わる。心情吐露は最高潮に達し、独白録としての切迫感を全編に与えている。

（7）ラファイエット夫人

ラファイエット侯爵（一七五七―一八三四）夫人。軍人で革命穏健派だった侯爵は、ジャコバン派が権力を握った一七九二年に反逆罪の裁判を避けて逃走しオーストリアで投獄された。夫人は一七九五年フランスを去ることを許され、二人の娘を連れて夫とともに獄舎に入ったが、一七九七年ナポレオンによって全員釈放された。

（8）三階

通常召使いや子供が住む。

（9）レギオン

汚れた霊の名前。「マルコによる福音書」第五章第九節、「ルカによる福音書」第八章第三〇節。数が多いことから、古代ローマの大軍団「レギオン」を引き合いに出してこう呼ばれた。

（10）ジャンリス夫人

ジャンリス伯爵夫人（一七四七―一八三〇）、劇作家、小説家、教育者。一七九二年にパリから逃れ一八〇二年に戻る。彼女のフランス革命の『未完回顧録』は一八二五年に出版されると大いに衆目を集めた。夫ジャンリス伯爵は一七九三年に初めてギロチンで処刑されたジロンド派である。ウルストンクラフトはおそらくパリで夫妻に会っている。

（11）**ルイ金貨**

一六四〇年以降、ルイ一三世と後の王の肖像を刻んで発行された金貨。何種類かあり、ここでは最高金額のダブル・ルイ・ドール。

（12）**『アメリカの農夫の手紙』の著者**

クレヴクール（一七三五―一八一三）。フランス生まれでアメリカに移住した随筆家、農業家。一七六九年にアメリカで農場を開くが、独立戦争が始まり八〇年に英国に脱出。八二年に『アメリカの農夫の手紙』を出版。豊かな自然に恵まれた農民生活を描いて好評を博した。翌年フランス領事としてアメリカに戻るが、病気のため九〇年にフランスに帰国。革命には関わらずノルマンディーで過ごした。九五年から九六年にかけて息子とハンブルクに滞在中にウルストンクラフトと出会った。

（13）**足に翼を持つ神**

ヘルメス。神々の使者で翼のついた靴と杖を持つ。商人、盗賊、詐欺師の守護神。

（14）**カッサンドラ**

アポロの求婚を拒否したトロイの女性予言者カッサンドラは、トロイの滅亡を予言したが信じてもらえなかった。

第二四の手紙

（1）「ふえろ、――ふくれろ、苦労苦しみ」

『マクベス』第四幕第一場一〇行、魔女の言葉（三神勲訳）。

（2）クロプシュトック

（一七二四―一八〇三）。ドイツの詩人でドイツ文学復興の中心人物。愛国的あるいは宗教的頌歌、ミルトンの『失楽園』に触発された叙事詩『メシアス』や、一七五四年に結婚したが早過ぎる死（一七五八）を迎えた妻マルガレーテに捧げる頌歌などを書いた。コールリッジとワーズワスは一七九八年にハンブルクを訪れた際に彼と会っている。

（3）心を打つ絵画

ウルストンクラフトがこのように感情を込めて描写しているハンブルク周辺の川の風景は、ドイツ・ロマン派の画家フリードリヒによってたびたび描かれている。

（4）黒人奴隷船

第七の手紙・注（8）「西インド諸島」参照。

（5）「そして神の配慮《おもい》の正しきを、人に証明《あかし》する」

『失楽園』第一巻二六行（平井正穂訳）。

（6）「世界よ、さあ、受け入れなさい！　汝のあふれんばかりにためられた涙を！」

エドワード・ヤング『嘆きの歌、生と死と永生についての夜想詩』第一巻三〇六行。第五の手紙・注(22)参照。

第二五の手紙

(1)次の順風

ウルストンクラフトが一七九五年九月二七日にハンブルクからイムレイに宛てた私信から、彼女の突然の出発が、ドイツで落ち合う予定を彼が拒んだためであることは間違いない。彼女はロンドンで旅行記によって幾ばくかの収入を得てから娘ファニーを連れてパリに戻り、それ以後彼からの経済的援助は一切断ろうと考えていた。しかし、私信にこうあるように、彼女が自殺を考えるほどの精神状態であったことは明白である。「私は槍に身をあずけ、それは心臓まで貫いた」。

付記

(1)不自然な動乱

各地の旅行と経験を重ねたウルストンクラフトが、社会の進歩を実現するには、革命的な変革(「不自然な動乱」)が、段階的な改革(「徐々に得られた結実」)ほど有効ではないと考えるに至ったことを示唆している。

訳者解説

メアリ・ウルストンクラフトは一七五九年四月二七日にロンドンで生まれた。七人の兄弟姉妹の長女で、兄一人、弟三人、妹二人がいる。父エドワード・ジョンは織物業に従事したのち農業を営んだが、忍耐力に欠け農場経営の失敗のため転居を繰り返した。アイルランド出身の母エリザベスは怠惰な性格で、短気な夫には従順で長男を溺愛した。一七七八年一九歳でメアリは両親の元を離れ、ある未亡人の手伝い兼話し相手として二年間住み込みで勤めた。その後母の看病や妹の世話のために家に戻ったが、一七八二年に親友ファニー・ブラッドの家に同居を始める。翌一七八三年に妹やファニーとロンドン郊外に私塾を開設したが、二年後にはそれを閉じる。ファニーの両親のアイルランドへの旅費を工面するために道徳本『女子教育考』(一七八七年出版)を執筆後、彼女自身も貴族の家庭教師としてアイルランドへ渡る。一七八八年ロンドンに戻り、急進的な書籍を出版していたジョゼフ・ジョンソンの書店のために書評や翻訳を手がけ、ウィリアム・ゴドウィンを始めとする進歩的知識人と知り合う。同年に自伝的小説『メアリ』を出版した後、一七九〇年には、フランス革命を非難したエドマンド・バークの『フランス革命の省察』に対する反論『人間の権利の擁護』で自由信奉を弁じて著述家として名をなした。一七九二年に女性解放思想の暁鐘とされる『女性の権利の擁護』(以下、『擁護』)を同書店から出版し、当時心を寄せていたジョンソンの友人で画家のヘンリー・フューズリへの思いを整理し、革命後の状況を自ら見聞する目的で一二月にパリに旅立つ。一七九五年英国に戻り、一七九七年ウィリアム・ゴドウィンと結婚するが、娘メアリを出産後に産褥熱による敗血症で三八年の生涯を閉じた。

『北欧からの手紙』(正式書名は『スウェーデン、ノルウェー、デンマーク短期滞在中にしたためた手紙』、以下『手紙』)は、ウルストンクラフト生前の一七九六年にジョンソン書店から刊行された。この作品はギルバート・イムレイという人物に宛てた書簡という形式を取るが、実際には発送されていないと見られ、おそらく出版を目的として旅行中に書かれた日誌がその土台と思われる。なお、旅行中に実際にイムレイ宛てに送られた書簡は、ウルストンクラフトの死後ゴドウィンによって編集、出版されている。

イムレイはアメリカの独立戦争に参加した陸軍大尉で、戦後は土地投機や調査に携わり、地誌や小説を書いている。革命後のフランスに渡って政治や商業に関わった。一七九三年春パリでウルストンクラフトと出会い、翌一七九四年五月一四日、二人の間に娘ファニーが生まれた。翌年四月彼女はイムレイを追ってロンドンに戻るが、彼が貿易事業と他の女性のために彼女を見捨てたことを知って絶望し、五月の終わりに自殺未遂を起こす。そのわずか二週間後、彼女はイムレイの求めに応じて彼の失踪した貨物船の補償請求の代理人として、一七九五年六月末から一〇月初めまでの三か月半、スウェーデン、ノルウェー、デンマークの三国を巡った。船の失踪についてはデンマーク王立委員会が調査中だったが、イムレイの立場は法律上微妙だった。英国は革命フランスとスカンジナビア中立諸国間の貿易を封鎖していたが、彼の貨物船はその封鎖令を犯していたのである。

当時の二人の状況を考えれば、イムレイがなぜウルストンクラフトに北欧行きを要請したのか、また彼女がなぜそれに応じたのかは、にわかには理解し難い。だが、イムレイにとっては彼女を北欧へ派遣することは、彼女に気分転換を促して二人の間に距離をおくと同時に、貨物船の詳報を探る絶妙の手段であった。そしてウルストンクラフトがこの提案に応じた理由は、転地療養、フランス革命に対して中立姿勢を取った北欧諸国への関心、イムレイの仕事を手伝うことが二人の関係修復につながるのではという希望、ロンドンを離れイムレイへの感情依存から逃れたいという気持ちなどであったと思われる。また彼女にとっては、渡航と旅行記出版は経済的自立を求める手段という意味合いもあったと考えられる。

一八世紀の英国では旅行記文学が人気を博していた。スモレットの『フランス・イタリア紀行』（一七六六年）やスターンの『センチメンタル・ジャーニー』（一七六八年）の他にも、女性を含む多くの作家が紀行文を発表していた。ウルストンクラフトの『手紙』の特徴の一つに率直な心情吐露があげられるが、それは自然描写などがなく感情中心の紀行である『センチメンタル・ジャーニー』に類似しており、さらにルソーの『告白』（一七八一―八）や『孤独な散歩者の夢想』（一七八二）の影響も色濃い。ウルストンクラフト自身が「前書き」で、「とりとめないこれらの手紙をしたためながら、私はどうしても自分を語る人――「それぞれの話の小さな主人公」――になってしまいました」と述べているように、北欧の自然や社会の紹介とそれらにまつわる省察であると共に、本書は彼女の自伝であり内省の記録でもある。そしてその飾らない感情の発露こそ、『手紙』が多くの読者に感銘を与えた理由であろう。ゴドウィンとの間に生まれた娘メアリは後に詩人シェリーの妻となるが、彼らが一八一四年にヨーロッパ大陸に駆け落ちをした時には本書『手紙』を携えて行った（メアリはその二年後ジュネーブ郊外に滞在した際に『フランケンシュタイン』を書いている）。ゴドウィンは、『「女性の権利の擁護」の著者の回想』（一七九八年、以下『回想』）第八章でこう述べている。「もしも読者が著者と恋に落ちるように書かれた本があるとしたら、私にとってはこの本がそれであろう。彼女は我々の心を憂いで満たしやさしさで包み込む口調で、自らの悲しみを語り、同時に賞賛の限りを集めるような天賦の才を見せている」。『擁護』が大喝采で迎えられ一躍時の人となる一方で、その急進的で早熟な女権論のためにホラス・ウォルポールに「ペチコートをはいたハイエナ」と揶揄されたウルストンクラフトには、このように真摯で素朴な心情吐露を見せる側面もあった。

一七九八年一月シュロップシャーのウェムで、ユニテリアン派の牧師を務めていたハズリットの父の家にコールリッジが来訪した。感激の面もちで会話に加わった一九歳のハズリットに、コールリッジはメアリ・ウルストンクラフトに会ったことがあるかと訊ねる。ハズリットは、ほんの短い時間だが一度だけ会ったことのあるウルストンクラフトについて、彼女は自分の述べた意見に対する夫ゴドウィンの反論をいとも軽やかに楽々と斥けているように思えたと述べる。それを聞いてコールリッジは「それは想像力豊かな人間が、知性だけの人間に優っている点のほんの一つの例だ」と述べている。

コールリッジによってこのように、当代随一の急進的な政治評論家・作家であった夫のゴドウィンよりも高く才気を評価されたウルストンクラフトは、女性は理性を身につけることによって合理精神を持つべきであると『擁護』において主張して、感性への批判を展開した人として知られる。だが彼女は決して理性一辺倒の人であったわけではない。コールリッジが看破したように、ウルストンクラフトは「想像力の人」でもあり、ゴドウィンによれば、「直観的洞察力」を持った人でもあった。『回想』第一〇章でゴドウィンは、理知的な美を直観で把握する能力に欠ける面がある自身と比較して、ウルストンクラフトは誰よりも多くそれを身につけていたと述懐している。「彼女の宗教や哲学は（…）感情と審美眼の純然たる産物であった。（…）厳密な意味では、推論をほとんどしないにもかかわらず、彼女の決断がどれほど正確であったかは驚くばかりだった」。

このような感情と想像力にあふれる内面の告白に加えて読者の心を捉えて止まないのは、『手紙』に一貫して見られる、人類、社会、そして女性は「進歩」しなければならないという彼女の信念である。「世界のこれからの進歩という、私が好んで思い巡らす主題」（第二二の手紙）と述べているように、彼女はことあるごとに人間社会の進歩と発展を願い、その方途に思いを馳せている。ノルウェーの古びた教会では廃墟について考え、「時代ごとの壮大な破壊に注目すると、それが不可欠な時の変遷であり、進歩につながっている」との思いを抱く。そして、人間は死後、より高い存在の状態に似合うような姿になるはずだから死は恐れるものではなく、それについて考えていると、やさしい気持ちで愛情に執着するようになると述懐して、個の死を越えた人間全体の存在の進歩の意義について思索を深めている（第七の手紙）。また、同じくノルウェーの荒涼たる未開の沿岸地帯を航行した際には、世界の未来の進歩のために人間がなすべきことを思い描き、はるかな未来では大地がすべて開墾され人間があふれて、世界的飢饉が訪れるかもしれないと心を痛める（第一一の手紙）。そして、人類が常に進歩の道を歩むことを信じて疑わない彼女は、付記にも「私が旅をして来た王国では知識と幸福が増大しているという確信に、私の比較考察はいつもたどりつきました」としたためる。

人間と社会の進歩に関する思索へとウルストンクラフトをいざなったのはルソーであった。彼女は『擁護』第一章でこう述べている。「ルソーはすべてが元来正しかったと証明しようと努める。無数の著述家はすべては現在正しいと証明したがる。そして私は全てが正しくなるだろうと証明したい」。ルソーは『人間不平等起源論』（一七五四）で、人間は原初の自然状態において無垢で幸福な状態であるという主張をさまざまな事例をあげて展開した。このルソーの考えを、ウルストンクラフトは『手紙』でも次のように述べて繰り返し斥けている。「世界は完全なものになるために人間の手を必要としている」のであり、「ルソーの愚昧なる黄金時代に人間が留まるべきだったという考えは、自然の理に反しています」（第九の手紙）。だが、『手紙』での主張は『擁護』でのそれがさらに深まった様相がある。第五の手紙にはこう記されている。「あらゆる国が自分の国のようであることを求めるなら、その旅人は自国に留まっているべきでしょう。たとえば、ある国民が清潔な身体や優雅な生活様式の点で一定の水準に達していないと責めるのはばかげています。それは趣味が磨かれさえすれば生じることで、社会全体の洗練と比例してどこででも起こるようなことです」。スウェーデン社会の粗野な風習に対する驚きととまどいを正直に綴りながらも、彼女はそれらを先進国である母国英国の基準で計ることを慎重に避け、進歩は拙速にではなく時間をかけて求められるべきだと考えている。「フランスに行く前に北欧を旅行していれば、フランスの虚栄と腐敗についての評価において、私はあれほど辛辣にはならなかったはずです」（第一九の手紙）と述懐しているように、人類の進歩と発展についての思索は、北欧での観察を経て『擁護』において時に見られる未熟な急進主義を超克しているように見える。

彼女は『擁護』においてルソーの女性観にも異議を唱えている。ルソーは自然界の現象としての男性の能動的側面と女性の受動的側面を重視する余り、女性教育については男性中心主義あるいは家庭維持中心の考えを持つに至っている。『エミール』（一七六二）第五章において彼はこう主張する。男女の共通点は種としてのヒトの共通性に由来し、男女の差異は性差に由来するから一方の他方に対する優位性は存在しない。しかし、いくつかの点で違いを持つ両性に対する教育は同じであってはならない。なぜならば、彼らは種としての共通の目的を達するためには違った役割をまっとうしつつ互いに補完しあわなければならない。したがって女性は両親や夫に従い、彼らと同じ信仰心を持つ義務を教えられるべきであると。このようにルソーには両性間の権利の主張を越えた愛情の論理も読みとれるが、女性に対する深い尊敬の念とともに男性中心の考え方が見られることも否めない。ウルストンクラフトは、ルソーの言う自然の摂理による男女の違いは、自明の理ではなくそのように思いこまされた、すなわち自然化された制度あるいは風習と捉えている。男女間の体力差などは認めるにせよ、従順でおとなしい女性像などは社会習慣によって、それが自然だとして生み出されたものである。女性は権利を獲得し父権制社会での失地を回復し、十全な人間性の完成を目指すべきであると彼女は主張する。

ウルストンクラフトは『擁護』第一章で理性を人間と獣を区別する重要な特徴であると説明し、第二章では「心ではなく頭に真実の言葉を投げかけたい」と言明している。「男性は理性を働かせるように、女性は感情を働かせるように造られている」（第四章）という当時の固定観念を打破し、女性は理性との両立を前提として本能や感性を磨くことが必要だと彼女は訴える。それに呼応して『手紙』では、当時の固定観念ゆえに「男性は万物の専制君主であるということ」になり、「波乱の多い人生の苦闘のほとんどが、私たち女性の抑圧された状況によって引き起こされている」と断じ、「私たちが感情を強く働かせる時は、理性を深く働かせているのです」と反駁する（第一九の手紙）。また、若い女性の慎ましさに欠ける行動を批判した一節では、社会がより進歩した状態になれば彼女たちの行動は恐れと慎み深さで抑制されると主張する。すなわち、「精神が養われ趣味が洗練されるにつれ情感はより強くなり、一時的な共感よりも確固としたものを土台とするように」なるのであって、「心の修練が身体の修練に釣り合っていないすべての人は怠惰であると言ってもさほど過言ではないでしょう」と明言するのである（第四の手紙）。あるいは、コペンハーゲンの庶民の女性について「趣味のたしなみや、より進んだ社会生活を彩る魅力は何もありません。このまったくの無知無学は、台所では何かの助けになるかもしれませんが、彼女たちをよりよい親にしているとはとても思えません」と辛辣な批判を展開する（第一八の手紙）。

だが同時に内省的な要素の強い『手紙』では、女性観においてもウルストンクラフトは微妙な揺らぎを見せている。そこには、女子教育の効果を唱道することに幾分かの躊躇を示し、自分の娘の将来への不安を赤裸々に語る一人の母の姿が見て取れる。「一人の女性として、私が娘にとても深い絆を感じていることはお分かりでしょう——女性の隷属的で抑圧された状況を考えてみると、私は母親としての愛着や気遣い以上のものを覚えます。彼女が信念のために感情を、あるいは感情のために信念を犠牲にさせられはしまいかと不安です。(…) 娘の心を開くことが怖いのです。彼女が自分の住むはずの世界になじめなくなりはしないかと。——不運な女性たち! 何という宿命なのか!」(第六の手紙)。ウルストンクラフトは自分の幼い娘に、女性が男性とまったく同等の権利を持つ市民として生きることのできる「信念」を授けることが、理知に走った感情のとぼしい性格の女性を生み出しはしないかと恐れている。彼女がこのような個人的な当惑や逡巡を見せるのは「娘との初めての別れで胸に巣くった一種の軽い憂鬱によって私の精神が苦しんで」(同) いたせいもあるだろう。しかし、『擁護』のいわば居丈高な調子に比べると、それが問い直され再吟味されて情感の告白と共に語られる『手紙』は、その分だけ読者の胸にやさしくそして深く染みいることも否定できない。

その心の揺らめきは、文明と自然の二元論についての彼女の考察にも見られる。前述の、人間は原初の自然状態においては無垢で幸福であるというルソーの黄金時代の概念に反駁しながらも、ウルストンクラフトは自然のままの状態で暮らす人間の素朴な幸福に憧憬を抱いてもいる。第一四の手紙では、「自主独立と美徳、悪徳なき豊かさ、心の堕落なき精神修養」と「ほほえみを絶やさぬ自由」が寄り添う黄金時代の生活を探したいと願う一方で、「人間は相変わらず弱さと愚かさの入り交じった存在」であると告げる理性の声を聞いて、人間は素朴で無垢な存在であるとするルソーの性善説に与することに逡巡を示している。

ウルストンクラフトの内省の痕跡は、紀行文の大きな特徴である自然描写にも刻み込まれている。道中目の当たりにした北欧の荘厳で荒涼とした大自然の様相を、彼女は「ピクチャレスク」(絵になるような)という当時の流行語を頻繁に用いて描写する。たとえば、クリスチャニアへ向かう道中では、岩で覆われた谷、灰色と緑が入り交じった斜面、そして湖と海が交錯する様子に、開墾の進んだ田園地帯になお残るノルウェーの野生の魅力を感じ取っている(第一三の手紙)。だが、時にやや感傷に走り過ぎる筆致で彼女が描いているのは、大自然だけではなくそれを見つめる自分自身の心の風景でもある。第一の手紙では、初めてスウェーデンの地を踏んだ名も知らない入り江の美しい自然に触れて、その景観を叙述するだけではなく、それによって自身の失意がいかに癒され慰められたかを情緒豊かに記している。また、夜も日の光が残る白夜の美しさに感極まって、眠りについている森羅万象とさまざまな思いに耽る自分とを並べ比べ、「我を忘れて叫びたくなるほど感情が打ち震え、感動で胸が張り裂けそう」になり「かえっていつもよりも生きていることを実感」している。

あるいは、ノルウェーのテンスベルでは、松と樅の木立ちが生み出す詩的な印象によって神秘的な畏敬の念に打たれ、樹木を哲学者になぞらえ、木陰に敬意を表している(第九の手紙)。また、フレデリクスター近郊で滝を見た時は、轟音を響かせてほとばしる流れの勢いに圧倒されると同時に、それに刺激されたように自らの感情も高まるのを感じ取り、生きることの意味を問い詰めさえする。しかし彼女の魂はその憂慮を克服して思索の不滅であることに思いを致す。そして「目の前で絶えず変化しながらも同じ姿を保つ滝の流れと同じく、思考の流れを止めることはできない」と感じたウルストンクラフトは「来たるべき人生の暗い影を跳び越えようと、手を永遠に向けて差し伸べ」たのである（第一五の手紙）。彼女を襲った失意、苦悩そして憂慮の要因はイムレイとのいきさつによる葛藤に他ならない。苦境の渦中であえて旅立った北欧で、その優美、壮大、そして酷烈な自然は、人間存在にまつわる苦悶を乗り越えようとしている彼女の目に、現実の風景と同時に心の内なる心象風景として映っている。

ウルストンクラフトは旅行中の一七九五年七月三日に、スウェーデンのイェーテボリからイムレイに宛てた私信で、信念と理性に従って行動するために想像力と感情を抑制したが、精神を落ち着かせるためにそれを押し殺すことは魂の力を奪うことだと気づいたと書き送る。そして「私は今自己の回復に努めています——それが私の気質ですし、当地のきれいな空気や、願ってもない体調のよさで表情も生き生きとして来ました」と述べる。北欧の澄み切った大気に助けられて、彼女は傷心から自己回復へと心の旅路を歩んだのである。

北欧の人間と社会と自然に触れながら、人類、女性、社会の進歩について思索を深め続けたウルストンクラフトは、同時に自己の進歩も模索してさまよい、その精神の軌跡をあらわにしている。その中で、人類の課題を考察し、進歩の必要性を説き、豊かな未来へと一気に思いを馳せる彼女の思索の飛翔には目を見張るものがある。一を見て十を知る慧眼、経験知から原則を探り出す大胆な帰納法、事実を見極めて時空を超えて真実への推考を重ねる精緻な演繹法。推論とその理由、断定とその根拠が連続して繰り出されるその文章には、小気味よいリズムがある。大胆で多彩な抽象名詞の巧みな運用は、柔軟で瞬発力のある思索の過程を直接に伝える。説明口調を避けきれなかった拙訳の何分の一かを削り取った長さで濃密に展開する原文には、凝縮された迫力がある。具象の緻密な観察から導き出される抽象の推論と展開を、ウルストンクラフトが力強い筆勢でしたためた躍動感あふれる文章を読む時、我々はその軌跡を追って目くるめくような心地よさを、そして思考の飛躍に時にとまどいと緊張感を覚えつつ、彼女の洞察の深さに接することの幸福を感ぜずにはいられない。

確かに、彼女はたぐいまれなる直観と推理の力を与えられた才気煥発の人であった。しかしその人が同時に、一女性として愛情の葛藤に苦しみ、我が子に切実な慈愛の情を示し、生と死に対する直情的な愛慕や嫌悪を告白するのを見ると、我々は同じ人間としての喜怒哀楽を共有できることを感じて、ある種の親近感と連帯感をも抱くのである。

故国から離れた北の地で、失意から立ち直って自己を取り戻し「それぞれの話の小さな主人公」となった彼女の勇気に満ちた姿は『手紙』を読むものの胸に迫る。だが、それにも増して読者が共感を覚えるのは、理性と想像力、信念と感性のはざまでさまよう彼女の心情の揺れ動きなのではあるまいか。

訳者あとがき

本書の翻訳のきっかけとなったのは、仙台イギリス・ロマン派研究会であった。数年前、いつもの読書会以外に何か活動をしてみたいという話が持ち上がり、私が提案した本書の翻訳に有志数名で取り組むことになった。分担して作成した翻訳草稿を私が取りまとめることになっていたが、校務などで多忙のためなかなか進捗しなかった。それでも時間を見つけて全体の調整をするうちに、ほぼすべてを新たに訳し直すことになった。その後、英国湖水地方グラスミアでの小さな学会で知遇を得た、新進気鋭のウルストンクラフト研究者の平倉菜摘子さんの協力を仰ぐことになり、また平倉さんを通じてピカリング版全集の編者であり現在最も浩瀚な伝記の著者でもある、ケンブリッジ大学教授のジャネット・トッド女史にも助言をいただくことができた。そして、山形大学の小田友弥先生には、法政大学出版局の編集代表勝康裕氏をご紹介いただき、勝氏は本書の意義を理解されて快く出版を引き受けてくださった。また、同編集部の前田晃一氏からは、編集と校正において数々の貴重な助言をいただいた。さらに、参考書類で確認できなかった、スウェーデン、ノルウェー、デンマークの地名や人名の日本語表記については、各国の大使館にご教示をいただいた。本書はこのような方々のご協力がなければ上梓に至らなかったはずである。ここにあらためて衷心から謝意を表したい。翻訳にあたっては正確さと読みやすさを心がけたが、予期せぬ誤解や見落としなどがあるのではないかと危惧している。大方のご叱正やご教示を仰げれば幸いである。

二〇一二年五月

訳者

《叢書・ウニベルシタス　981》
ウルストンクラフトの北欧からの手紙

2012年8月28日　初版第1刷発行

メアリ・ウルストンクラフト
石幡直樹 訳
発行所　財団法人　法政大学出版局
〒102-0073 東京都千代田区九段北3-2-7
電話03(5214)5540 振替00160-6-95814
組版：HUP　印刷：平文社　製本：誠製本

Printed in Japan

ISBN978-4-588-00981-5

著　者

メアリ・ウルストンクラフト（Mary Wollstonecraft）

英国の女権運動家，著述家．1759 年ロンドンに生まれる．農業などを営む父について転居を繰り返しながら幼少時代を過ごす．1778 年 19 歳で両親の元を離れ，住み込みの手伝いを 2 年勤めた後，母の看病や妹の世話のために家に戻る．1782 年に親友ファニー・ブラッドの家に同居を始め，翌 1783 年から 2 年間妹やファニーとロンドン郊外に私塾を開設．道徳本『女子教育考』（1787 年出版）を執筆後，貴族の家庭教師としてアイルランドへ渡る．1788 年ロンドンに戻り，急進的な書籍を出版していたジョゼフ・ジョンソンの書店のために書評や翻訳を手がけ，ウィリアム・ゴドウィンを始めとする進歩的知識人と知り合う．同年に自伝的小説『メアリ』を出版後，1790 年に，フランス革命を非難したエドマンド・バークの『フランス革命の省察』に対する反論『人間の権利の擁護』で自由信奉を弁じて著述家として名をなす．1792 年に女性解放思想の暁鐘とされる『女性の権利の擁護』（未來社）を出版し，革命後の状況を自ら見聞するため 12 月にパリに旅立つ．1795 年英国に戻り 1797 年ウィリアム・ゴドウィンと結婚するが，娘メアリを出産後に産褥熱による敗血症で 38 年の生涯を閉じた．ゴドウィンとの間に生まれた娘メアリは，後に詩人シェリーの妻となり『フランケンシュタイン』（1818）を書いた．

訳　者

石幡直樹（いしはた・なおき）

1953 年生まれ．1977 年東北大学文学部卒業．1979 年東北大学大学院文学研究科修士課程修了．現在，東北大学大学院国際文化研究科教授．主な著書：『ロマン派文学のすがた』（共著，仙台イギリス・ロマン派研究会，1993），『岩波講座文学第 7 巻つくられた自然』（共著，岩波書店，2003），『地誌から叙情へ』（共著，明星大学出版会，2004），『ロマンティック・エコロジーをめぐって』（編著，英宝社，2006）．主な訳書：ジョナサン・ベイト著『ロマン派のエコロジー――ワーズワスと環境保護の伝統』（共訳，松柏社，2000），ミツエ・ヤマダ著『収容所ノート――ミツエ・ヤマダ作品集』（共訳，松柏社，2004）．主な論文："Politics of Education in Lyrical Ballads of 1798" (1991), "Mary Wollstonecraft's Introspective Journey in Scandinavia" (1996),「メアリ・ウルストンクラフトの分別と多感」（2000），「喪失の森――ワーズワスとソローとロレンス」（2004）など．